GENS D'ICI, GENS D'AILLEURS

Migrations Soninké et transformations villageoises

DU MÊME AUTEUR

La Politique extérieure de la Chine, F. Maspéro, 1975.

Le Kampuchéa, Viêt-nam, Cambodge, guerres et indépendances, Anthropos, 1982.

Participation à l'ouvrage collectif *Si les immigrés m'étaient comptés* (sous la direction de Claude Lyauzu), Syros/Ligue de l'Enseignement, 1990.

CATHERINE QUIMINAL

GENS D'ICI, GENS D'AILLEURS

Migrations Soninké
et transformations villageoises

CIBLES XXI
Collection dirigée
par Benjamin CORIAT et Yann MOULIER

CHRISTIAN BOURGOIS ÉDITEUR

CIBLES XXI
Collection dirigée
par Benjamin CORIAT et Yann MOULIER

Cibles XXI est une collection d'essais. Avec Christian Bourgois son éditeur, elle fait le pari qu'à l'aube du XXIe siècle les grands chantiers de la pensée, ouverts par une décennie spécialement riche en événements, peuvent et doivent être affrontés.

L'effondrement de l'Est, l'internationalisation des capitaux et des hommes, le renouveau des approches autour de la démocratie, du marché, l'attention portée aux comportements — non plus des seules classes — mais aussi des groupes ou des individus, les interrogations sur l'Etat, sa légitimité... constituent autant de Cibles pour l'essai.

Ouverte à toutes les disciplines des sciences sociales, attachée à établir les convergences de la pensée et de l'analyse, Cibles XXI, carrefour et analyseur, s'efforcera — dans cette courte décennie qui nous sépare du XXIe siècle — de nourrir et d'alimenter le débat d'idées.

ISBN : 2-267-00990-0

PRÉAMBULE

A la recherche d'identités collectives, un certain nombre de responsables d'associations villageoises, immigrés africains, nous ont demandé d'accompagner leurs projets, de les associer à notre recherche sur les changements au cœur desquels ils se trouvaient. Ce livre est le fruit d'une collaboration ainsi conçue. Sans eux, notamment Hamedy Diarra, Semba Sylla, Ibrahima Traore, tant les séjours dans les villages de la région de Kayes (Mali), que l'accès des foyers de la région parisienne, auraient été tout autres, l'analyse également.

Il ne s'agit donc pas de les remercier, mais de reconnaître le rôle important qu'ils ont joué durant dix années de travail en commun. Pour eux, comme pour moi, l'aventure continue.

N'est pas étrangère non plus à ce livre la recherche menée en France comme au Mali, avec la collaboration de J. Barthélémy, Ch. Daum, P. Gonin sur les projets collectifs de transformations villageoises dans le cadre d'un programme du C.N.R.S.

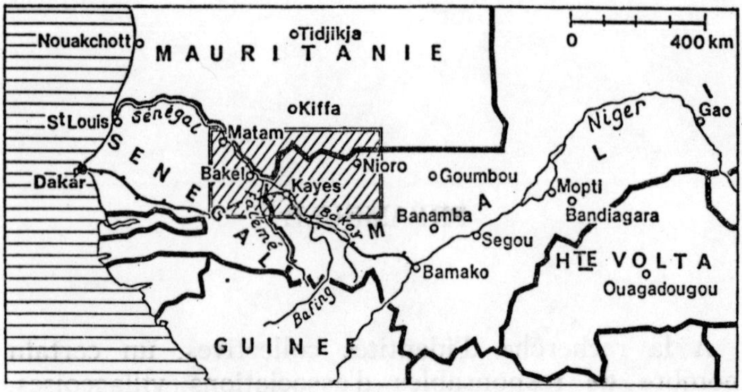

SITUATION EN AFRIQUE DE L'OUEST DE LA RÉGION D'ORIGINE DES TRAVAILLEURS AFRICAINS NOIRS DE FRANCE

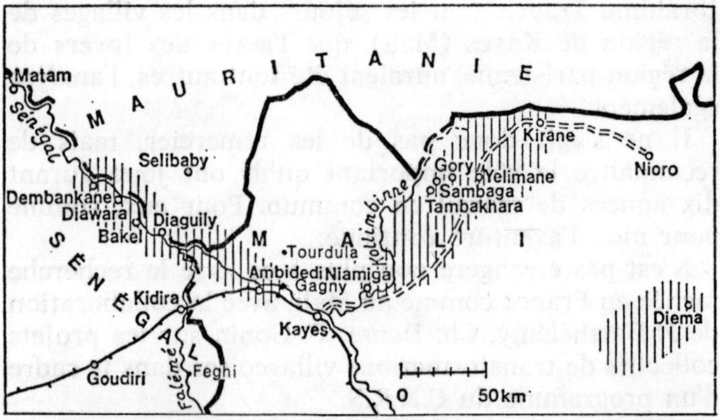

ZONES D'ÉMIGRATION DES TRAVAILLEURS NOIRS EN FRANCE

CHAPITRE PREMIER

MOTIFS

« Il n'y a pas d'Espoir sans Crainte. »

SPINOZA, *Ethique.*

Partir...

Cette année, Hamedy, Sow et Kamara ne participeront pas aux travaux des champs. Partis sous le prétexte de visiter un parent ou de faire quelques emplettes, à Gagny, Touroula, Somankidi, on sait qu'ils ne reviendront pas. Pourtant, ils se sont bien gardés d'entretenir leur père de leur projet, lui évitant ainsi un refus ; de prévenir leur oncle, lui évitant de s'opposer à leur père ; décider de partir sans y être autorisés, c'est leur manière de défier l'autorité des anciens sans pour autant les mettre dans l'embarras. Les aînés ont besoin de bras pour cultiver les champs. Ils ont aussi besoin d'argent. Désormais ils le savent, il faut accepter de perdre un peu d'autorité afin de la conserver. Eux-mêmes, en leur temps, après avoir fait le voyage, n'ont-ils pas su reprendre leur place ?

Hamedy, Sow et Kamara ont décidé d'aller travailler en France. Et pourtant, en 1969, la récolte n'a pas été mauvaise dans la région de Kayes, tout le monde mange au village. Bien qu'on ait vendu quelques bêtes au temps de la soudure, les troupeaux se sont accrus. Et puis il y a l'argent des émigrés. Au village on a de quoi manger en 1970. Ce n'est pas la famine, la misère qui ont poussé Hamedy, Sow et Kamara à quitter leur famille, à quitter le village. Du moins ce n'est pas ainsi qu'ils voient les choses. Ils ont décidé d'aller en France. Décision ? Nécessité ? Rêve ? Désir de liberté ? Ignorent-ils ce qui les attend ? Oui et non : la sévérité des récits de leurs prédécesseurs sur la France est toujours tempérée par les aventures qu'ils ont vécues au loin. Travaux pénibles, rythmes insensés, maladies, racisme, sont contés mais en prenant garde toujours de ne pas faire d'ombre au prestige du voyageur. Il faut bien que ce que l'on a payé très cher ailleurs rapporte quelque chose quand on est de retour. A Gagny, Somankidi, on est au courant de ce qui se passe dans le monde, aussi est-il difficile en 1970 de penser le présent à l'horizon du village.

Tous paysans ?...

Les familles des villages soninké de la région de Kayes sont en crise, crise profonde que le procès migratoire déjà ancien n'a fait qu'amplifier tout en étant de plus en plus nécessaire pour y résister.

Abolition de l'esclavage, appropriation du grand commerce par les Européens, impôts, navetanat [1], nouveaux besoins, Indépendance, tout s'est accumulé pour déchirer l'ordre ancien. Les jeunes le savent, au-delà

1. Navetanat : fait d'aller au Sénégal durant l'hivernage, la période des cultures, cultiver de l'arachide. Ce fait est concomitant de l'affranchissement des esclaves (1905).

des frontières du village il y a des formes plus puissantes, plus modernes d'utilisation de l'énergie humaine que son investissement dans la terre.

Etre de Gagny, c'est avant tout être paysan. Mais le forgeron, le griot, la potière, la fileuse, la boulangère, le commerçant, le pêcheur, le chef du village, le marabout avons-nous demandé ?

« Nous sommes tous, d'abord, des cultivateurs », nous a-t-on systématiquement répondu avec insistance, refusant ainsi toute distinction, abolissant le temps de l'esclavage, des guerres, du commerce, sauvant l'importance de la famille, l'unité du village.

Cette affirmation revendiquée avec force, considérée comme essentielle dans tous les villages de la région du Guidimaka où nous avons séjourné, mérite qu'on s'y arrête. D'abord parce qu'elle est vraie. Toute famille, quelle que soit sa place dans la hiérarchie politique ou religieuse du village, assure sa subsistance, est structurée fondamentalement par son rapport à la terre. Mais, surtout, parce qu'il faut voir là le résultat de la domination coloniale et non le seul poids des sociétés dites traditionnelles.

Le colonialisme, dans la région, a imposé à des villages faisant partie d'ensembles plus vastes, ayant une histoire complexe, mouvementée, de se replier sur une économie d'autosubsistance. Appropriation de « l'espace international »[2], « dislocation des relations simplectiques »[3], « destruction de chaînes de sociétés »[4] par les Européens, a-t-on dit. *Système d'autosubsistance assistée* comme forme de résistance au « despotisme colonial »[5], dirons-nous.

Sous la domination coloniale française, les Soninké

2. J. Copans [1972].
3. C. Meillassoux [1977].
4. J.-L. Amselle [1976].
5. J.-P. Olivier de Sardan [1984].

de la région de Kayes n'avaient plus qu'une place marginale dans le commerce du Sahara occidental ; les échanges de textiles, de mil, de captifs contre de la kola, du sel, de l'or, de la gomme, du sucre, du poisson séché, des fusils, étaient rompus. Les ressources provenant du droit de passage des caravanes disparaissaient. Plus de guerres, plus d'armée, et c'est la perte de la maîtrise des rapports avec les régions environnantes. Plus d'esclaves, et c'est une diminution drastique du surplus, la nécessité de trouver dans sa propre famille la force de travail nécessaire, force de travail par ailleurs ponctionnée pour les travaux forcés.

Dans le Guidimaka il n'y a pas de culture de rente [6]. Une des issues est le repli sur la communauté domestique. Repli qui, pour les nobles, est une véritable conversion. Il leur faut désormais prendre la daba (houe), apprendre les techniques de culture, travail pour lequel ils ne seront pas toujours les meilleurs. Pour tous, ce repli est insuffisant pour faire face aux strictes exigences de reproduction car il faut payer l'impôt, acheter le sel et autres denrées que le surplus désormais bien entamé ne permet plus de se procurer. Alors, il faut d'une manière ou d'une autre participer au système dominant. On ne part plus échanger tissus ou mil contre du sel, de la kola ou de l'or, on vend sa force de travail [7]. Le cercle se clôt pour un temps que l'indépendance ne viendra pas suspendre : d'un côté la terre, de l'autre l'immigration. Ne nous y trompons pas, cette économie « d'autosubsistance assistée » n'est pas due à l'impossible dépassement

6. Après la Seconde Guerre mondiale, quelques tentatives de plantations de sisal, gérées par des colons français, virent le jour aux alentours de Kayes.

7. Sur l'organisation socio-économique avant la pénétration française, *cf.* M. CHASTANET [1983].

d'un système lignager imperméable à tout changement. Elle est sans doute la seule solution de survie autorisée par le colonialisme à l'échelle du village. Ce n'est pas ce que le colonialisme a trouvé, c'est la manière dont les populations se sont adaptées à la nouvelle situation créée par le colonialisme dans un espace de liberté, il est vrai, extrêmement réduit. C'est l'entrée de villages, de régions, coupés de leur « espace international » dans une « Histoire contrainte », certes, mais bien vivante de ses nouvelles oppositions, de ses nouvelles alliances.

Cette affirmation, toutes positions sociales confondues, lancinante dans les villages : « Nous sommes tous des paysans », manifeste en quelque sorte une volonté de se définir, un besoin de se positionner par rapport au passé, par rapport à l'Etat. C'est un constat nostalgique pour les nobles qui se sont mis au travail de la terre, une revendication pour les descendants de captifs qui travaillent désormais pour leur propre famille et espèrent que leur commune condition, celle de paysan, efface les différences d'origine, le bien-fondé des hiérarchies au demeurant bien vivantes.

Quant aux hommes de métier, leurs divers travaux ne sont plus que des adjuvants occasionnant une circulation interne de la monnaie à la mesure des envois d'argent gagné à l'extérieur [8].

Tous les habitants de Gagny sont des paysans. Tout le monde peut travailler la terre à Gagny. On manque de bras. Pourtant les jeunes aspirent à s'en aller.

La terre, patrimoine villageois

A Gagny en 1970, village de 1 500 habitants, situé au bord du fleuve Sénégal, à 30 kilomètres de Kayes,

8. *Cf.* Ch. V, Le sens de l'argent.

la terre ne se vend pas. Elle n'est pas propriété. Le village, en la personne du maître de la terre, le Nyanyagumme [9], un Kamara, connaît l'étendue de son territoire. Vaste étendue, il ne respecte pas les frontières imposées par l'administration française, les terres du village se répartissent sur plusieurs cercles. Les terres cultivables ne sont pas entièrement exploitées, certaines sont toutefois très éloignées du village. Il faut parcourir jusqu'à dix kilomètres pour les atteindre. Chaque famille étendue a l'usage des terres qui lui ont été attribuées par le Nyanyagumme lors de son installation dans le village et, plus récemment pour les captifs, à la faveur de l'abolition de l'esclavage (1905). Certes, la qualité des terres est inégale. Mais, aujourd'hui, si un chef de famille dispose de suffisamment de bras pour vouloir cultiver de nouvelles terres ou si celles dont il jouissait sont usées, quel que soit son rang social, il lui suffit d'en faire la demande au Nyanyagumme, l'usage de nouvelles terres lui sera généralement accordé. Il peut même l'être à un étranger au village, dans la mesure des terres disponibles. Le maître de la terre recevra en échange le dyaka, sorte de tribut, en principe 10 % de la récolte, de fait aujourd'hui une part symbolique. Le dyaka a en effet une valeur plus symbolique qu'économique. Il ne constitue pas pour le Nyanyagumme une rente foncière, ce dernier est tenu de le redistribuer. Le dyaka est la réaffirmation de la gestion collective

9. Le suffixe gumme signifie maître, chef, il est adjoint à l'objet dont le maître dispose. La maîtrise de la terre par certaines familles a une triple origine : le premier occupant, l'accaparement par des nouveaux arrivants, l'octroi par ces nouveaux arrivants à un autre clan venu avec eux. Les conquérants se contentent dans ce dernier cas du pouvoir politique. Le pouvoir politique et le pouvoir foncier ne se confondent pas, même lorsqu'ils sont concentrés en la personne de l'aîné du même clan. *Cf.* E. Pollet et E. Winter [1971].

de la terre comme essentielle à la perpétuation du système. C'est en quelque sorte un tribut qui signe l'appartenance au village [10].

Cette pratique très ancienne trouve aujourd'hui sa justification dans l'islam. Sur toute récolte, tout gain, on doit prélever une partie pour les pauvres. Ainsi, le maître de la terre est-il censé encore aujourd'hui, quand la disette n'atteint pas tous les villageois comme en 1973, redistribuer ce tribut aux nécessiteux du village. Les pauvres ne sont pas ceux qui n'auraient pas de terre, mais ceux qui n'ont pas assez de bras pour en cultiver, en général des descendants de captifs dont la famille est trop restreinte pour qu'ils aient pu envisager de se lancer dans l'autosubsistance. Ces familles sont rares, une ou deux par village. Mais, dans ce cas, leur misère est telle qu'elles n'ont même pas pu s'offrir un émigré. Le dyaka se pratique également en France. Les immigrés qui perçoivent un salaire en prélèvent une petite somme qu'ils versent dans une caisse. Elle servira par exemple aux chômeurs de la communauté ou aux indigents du village.

Quoi qu'il en soit, le droit à l'usage de la terre est accessible à tous, il s'obtient par allégeance au Nyanyagumme, à l'ordre villageois.

Du travail il y en aurait pour les jeunes qui s'en vont. Mais quel travail ?

Les ruses du Kagumme

Les outils n'ont guère changé depuis des siècles. On sarcle, on gratte, on bine, on sème à la houe, on creuse à la pioche, on retourne à la bêche. Seuls les manches sont plus longs, on est un peu moins courbé.

---

10. J.-P. Olivier de Sardan [1984].

Et si les outils se sont légèrement améliorés en relation avec les famines [11], diminuant la pénibilité, accélérant le rythme du travail sans changer qualitativement, une modification importante est cependant intervenue dans l'organisation du travail agricole renforçant la dépendance à l'égard du chef de famille : le Kagumme.

Le travail agricole est organisé au niveau d'une fraction de la famille étendue patrilinéaire : le Ka. Le Ka constitue l'unité de production, de consommation et de résidence. Il regroupe soit : plusieurs frères, leurs épouses et leurs enfants célibataires ; soit un homme, son ou ses épouses, leur(s) fils marié(s), la ou les conjointes, les enfants célibataires. Le Kagumme est de fait le membre le plus âgé du groupe. Il dispose de terres en un ou plusieurs tenants, suffisamment étendues pour permettre à la fois l'alternance de la culture et de la jachère et la parcellisation en grand champ ou champ de l'aîné sur lequel ses dépendants travailleront, et en petits champs ou champs individuels sur lesquels chaque dépendant travaille pour soi, avec éventuellement l'aide de ses propres cadets.

Tout dépendant à qui un champ individuel a été concédé possède un grenier. Le Kagumme détient et gère le grenier familial. La distribution se fait le plus couramment de la manière suivante :

« ... L'aîné procure le mil et le maïs pour tout le groupe d'habitation cinq jours de la semaine ; les cadets mariés n'ont à faire de même que les deux autres jours, le jeudi et le vendredi, suppléant en outre au paiement de la viande (qui est un plat rarement consommé) et pourvoyant aux condiments... Les modestes excédents qui dans chaque grenier restent

11. M. Chastanet [1984].

à la fin de l'année agricole deviennent propriété individuelle de leur détenteur... Ce système de contribution est appliqué aussi longtemps que les quantités de céréales qu'il suppose à son fonctionnement se trouvent effectivement dans les greniers, mais si le mil ou le maïs viennent à manquer chez l'un on prélèvera de la récolte des autres la part voulue.[12] »

L'aîné entretient la famille. Avant les départs massifs et de longue durée, devenir chef de famille relevait d'un processus d'autonomisation mais scindé en étapes. Schématiquement, on était d'abord jeune célibataire, dépendant par excellence, tenu de travailler uniquement sur le champ du Kagumme. On ne bénéficiait de son travail que par le biais de la redistribution ; puis, lorsqu'on se mariait, on se voyait attribuer un champ individuel, on pouvait même bénéficier d'une partie du travail de ses cadets.

Vers la fin des années 60, avec l'augmentation du nombre d'émigrés dans chaque village, le travail sur les champs individuels tend à disparaître. Le départ des uns renforce la dépendance des autres et par là même leur désir de partir. En 1970 on estime que les émigrés représentent, selon les villages, 30 à 40 % de la main-d'œuvre masculine active.

Frères, fils, neveux du chef de famille, hormis les absents, consacrent toute leur énergie au grand champ ou, ce qui est le cas le plus fréquent, les fils même mariés travaillent un même champ ; le lopin individuel n'existe plus, les greniers sont vides. La diminution du nombre global de dépendants dont peut disposer le chef de famille, la part de plus en plus importante du numéraire dans l'économie familiale, vont mettre en cause la progression hiérarchisée vers le statut de Kagumme, les positions intermédiaires qui étaient les plus nombreuses tendent à disparaître. La concen-

12. E. Pollet et G. Winter, [1971].

tration des forces de travail sur le grand champ de même que la disparition des greniers des jeunes mariés sanctionnent ce fait. Relevant en apparence d'une logique strictement économique, la disparition des champs individuels est le signe de transformations concernant les rapports de dépendance. On le voit, la partie se joue à deux : les émigrés, les chefs de famille. Un nouveau rapport de force s'instaure. Deux stratégies s'entendent sur le dos des plus dépendants, les jeunes et les femmes.

Patriarches et émigrés

Le travail du chef de famille, conjugué à celui de l'ensemble de ses dépendants, ne suffit pas à ce dernier pour remplir l'ensemble de ses obligations (nourriture, dots, impôts, cérémonies, etc.). Seule la jonction de deux mouvements opposés permet la reproduction de la famille : les départs, le renforcement de l'autorité de l'aîné. Ce double mouvement est admirablement perçu par Diallo, jeune immigré, lorsqu'il dit : « Je suis né dans les vieux. La famille se vide et se resserre. » Mouvements transitoirement compatibles parce que l'un peut encore dominer l'autre. Le Kagumme, bien qu'il n'ait plus les moyens économiques de sa domination (le grenier est vide une partie de l'année, dots et impôts sont payés avec l'argent des émigrés), va précisément jouer sur la pénurie pour renforcer son autorité. Solidarité familiale exige ! D'un côté, le champ individuel est supprimé, on se serre les coudes pour un rendement maximal bien qu'insuffisant du grand champ, de l'autre, et c'est bien naturel, il y va de la survie de la famille, la ponction sur le salaire des émigrés est de plus en plus importante et essentielle. L'émigré va devoir prolonger son séjour en France et ce d'autant plus que les statuts d'intermédiaire ont disparu. Durant son séjour il se marie mais au village. Sa ou ses femmes vont vivre dans le Ka du Kagumme, ce qui accroît encore les responsabilités de ce dernier, son autorité. Il devient le seul ordonnateur du groupe même si l'émigré pourvoit de fait, en partie au moins, aux besoins de sa femme et de ses enfants. L'argent envoyé l'est d'abord au Kagumme. C'est lui qui décide de son utilisation. C'est lui qui gère la vie quotidienne dans le Ka, qui, chaque matin, distribue les vivres, accepte d'acheter du bois ou préfère envoyer les femmes ou les jeunes en chercher à quelque dix kilomètres à la ronde. L'ordre ancestral domine encore les rapports individuels et la hiérarchie privée [13].

En définitive, le départ des uns déplace le pouvoir des autres, lui ordonne un nouveau fonctionnement. Le Kagumme aura tendance à vouloir prolonger pour ses dépendants l'état de cadet célibataire en faisant travailler les jeunes le plus tôt possible (d'où bien des refus de les envoyer à l'école) et le plus tard possible (d'où l'accroissement du nombre des départs).

Aux femmes, notamment celles dont les maris sont en France, on va demander une participation aux travaux des champs plus importante. Parfois elles participent à la culture du grand champ, mais la plupart du temps c'est par le biais du changement du régime alimentaire que cette opération aura lieu. Le riz traditionnellement cultivé par les femmes prendra une part plus grande dans l'alimentation.

Ce processus d'abandon du champ individuel n'a pas touché également et en même temps toutes les familles. En 1970, il était en cours, après la sécheresse des années 1973 à 1978, il est généralisé.

---

13. C. Meillassoux [1977].

Hamedy, Sow et Kamara ont entre 18 et 20 ans. Cadets, il leur eût fallu beaucoup de patience et une confiance aveugle dans la capacité du système à se reproduire pour attendre au village leur tour d'être des aînés.

Le travail de la terre était jugé pénible non seulement dans son caractère techniquement archaïque, non seulement dans son caractère de dépendance prolongée à l'endroit des aînés, mais également dans son caractère précaire. L'avenir n'est en rien assuré.

L'avenir pour Kamara, Sow et Hamedy se trouvait à Paris. Du moins le pensaient-ils. Cette conviction ne reposait pas sur l'idée qu'à Paris le travail serait facile. En 1970, on commençait à savoir. A savoir que l'oncle d'Hamedy, le frère de Sow étaient morts, l'un dans un accident du travail, à l'usine même, l'autre les poumons encrassés de plomb après quelques années à Penaroya. Moussa, lui, avait trouvé la mort asphyxié par du gaz carbonique dans une chambre à Ivry. On connaissait de nom le cimetière de Thiais [14]. On savait que certains ne supportaient pas la vie là-bas ; des maladies étranges s'emparaient d'eux, on devait les rapatrier.

Ramasser les ordures des autres, travailler dans des fonderies, à la chaîne, être balayeur entre deux périodes de chômage, on savait que la vie en France n'était pas facile.

Mais la France, c'est aussi le voyage, l'exotisme. La France, c'est avant tout la ville, avec ses codes qu'on ignore, ses réalisations qu'on admire à l'avance,

---

14. Cimetière de la région parisienne où sont enterrés la plupart des ouvriers africains morts en France. La mort en pays soninké ne donne pas lieu à des cérémonies importantes. Le rapatriement des corps n'est pas considéré comme obligatoire. Il n'est en général pas pratiqué par les communautés. Depuis peu, certains petits entrepreneurs en pompes funèbres tentent de convaincre leurs compatriotes que la coutume l'exige...

ses grandes avenues propres, ses lumières, ses jardins et leurs bassins où l'eau coule sans interruption. Craintes, attirance, espoirs, attrait de la consommation, des « femmes faciles », tout se mêle dans le désir de partir.

Le voyage est coûteux, pénible, Semba a dû s'y reprendre à deux fois. Lors de son débarquement à Marseille il fut refoulé, avant que son sort soit décidé il fut parqué plusieurs jours à Arenc[15]. On connaît Arenc de réputation à Gagny. Puis il fut renvoyé en bateau jusqu'à Dakar où il dut attendre six mois afin de réunir les conditions nécessaires à un nouveau départ. Six mois d'attente dans des conditions précaires malgré l'existence d'une communauté soninké relativement bien organisée du point de vue des solidarités, six mois durant lesquels les petits travaux rémunérés auxquels il a eu accès n'ont pas même suffi à lui assurer sa vie quotidienne. Sa dette de départ s'est accrue d'autant plus que l'argent pour un nouveau billet devait lui être avancé. Malgré cela, Kamara, Hamedy, Sow vont partir. Ils vont rejoindre les autres, ils vont voir, ils vont échanger leur travail contre un salaire, pour un temps, juste le temps de... Ils ne savent pas exactement de quoi.

La conviction d'un retour proche est émoussée par l'expérience de leurs aînés : partis pour revenir bientôt, ils sont en France depuis plus de dix ans. Seuls ceux à qui revient le rôle de patriarche après la mort d'un père ou d'un oncle ont dû quitter la France et se faire remplacer par un de leurs cadets. Ce qu'ils savent par contre, c'est que leur démarche ne se fait

15. Arenc : lieu d'internement provisoire dans lequel on parque les étrangers qui tentent d'entrer en France de manière irrégulière en attendant de les renvoyer chez eux. Ils peuvent y rester plusieurs jours, des tractations ayant lieu avec leur ambassade pour savoir qui paiera le billet de retour.

pas dans l'esprit d'une rupture avec leur famille, avec leur village. « Les conflits entre aînés et cadets reflètent toujours une opposition qui se situe à l'intérieur d'un système qu'il s'agit pour chaque cadet de reconstituer le plus tôt possible », comme le dit C. Meillassoux [16] —, mais il ajoute — « en prenant une épouse. »

Aujourd'hui cette solution n'est plus suffisante. Le passage par le salariat est un détour, une sorte de stratagème pour conquérir son statut d'aîné, pour raccourcir le temps de plus en plus long qui sépare le statut de cadets des premières prérogatives des aînés. Cette prise de distance permet de passer ailleurs le temps de la dépendance prolongée. Le départ a pour objectif le retour à une place honorable. Entre temps, « le voyageur » acquiert un nouveau statut ambigu : celui d'émigré, physiquement absent, présent à la mesure de ses envois d'argent. Il entend échapper à un contrôle social trop pesant tant qu'il n'est pas agent de ce contrôle, il espère bien un jour le devenir. Mais il ne peut échapper à la dépendance tout seul. Nécessairement sans économie, les lieux d'embauche fort éloignés, il doit quasi obligatoirement s'insérer dans un des réseaux migratoires ouverts par les habitants de son village. On ne peut partir sans rien. Or, quand on est jeune au village, on ne possède pratiquement rien, bien souvent pas même une paire de chaussures.

Partir, c'est être pris en charge, rejoindre un groupe d'immigrés déjà constitué. On prépare son voyage de connivence avec ceux qui sont déjà en France ou ailleurs. Inversement, pour ces derniers, faire venir un frère, c'est préparer la possibilité de rentrer. Un voyage, ça s'organise. Il faut trouver les moyens de payer le billet. On en parle avec ceux qui rentrent

16. C. Meillassoux [1975].

pour les vacances, on entretient des relations épistolaires par l'intermédiaire de ceux qui savent écrire. Les premiers partis préparent l'arrivée des suivants. Aucun départ, aucun projet de départ pour la France quand on vit dans le Ka familial à Feghi, Touroula, Somankidi, n'est possible sans l'aide de ceux qui sont déjà salariés en France. Ce sont eux, également, qui donnent accès aux circuits d'embauche, qui procurent le logement, initient aux déplacements, à la ville, à l'étranger. L'accès au salariat passe par l'intégration dans les réseaux d'immigration existant dans le pays d'accueil.

Partir, c'est une rupture temporaire avec le village, avec la famille en temps qu'unité résidentielle, non avec sa communauté d'origine ; on la retrouve à Saint-Denis, à Montreuil, à Clisson. Et c'est rassurant, car on sait que l'absence durera. Déjà, en 1970, on ne part plus avec la simple idée d'accéder à la possession de quelques biens de consommation ou d'économiser de quoi payer sa dot et les frais occasionnés par le mariage. D'ailleurs, si l'on compare le coût global d'un mariage avec le coût du ou des voyages, on se rend vite compte que ce dernier est de loin le plus élevé. Le montant de la dot est relativement faible dans le Guidimaka, 20 000 F CFA. Il n'a pas changé depuis vingt ans. La dot stagne [17]. Dès lors il serait plus économique d'emprunter la somme nécessaire à un « frère » immigré comme on le fait pour le voyage. Le problème serait alors évidemment de le rembourser.

Le malheur des épouses

Quoi qu'il en soit, si se procurer l'argent de la dot était le seul but du séjour en France, une fois marié,

17. J.-P. Olivier de Sardan [1984].

l'émigré devrait retourner au village. Ce qu'il ne fait pas. Etre un gendre émigré est bien vu par la famille de l'épouse. Cette dernière est elle-même partagée entre les bénéfices financiers, les cadeaux et le fait que l'absence de son mari la met dans une complète dépendance à l'égard de sa belle-famille [18]. Les tâches domestiques qu'elle doit assumer concernent dès lors l'ensemble du Ka. Un mariage dans ces conditions, c'est une femme de plus au service du chef de famille, sous son autorité. Le timide mouvement observé par Pollet et Winter vers la famille restreinte est ainsi désamorcé. De toute façon, on ne demande guère leur avis aux femmes. Et que deviendrait une femme seule avec ses enfants dans un village soninké ?

Ce qu'elles souhaitent par-dessus tout, plus encore aujourd'hui qu'hier, c'est d'épouser un homme du village. On dit d'une femme qui doit quitter le village pour cause d'installation dans la famille de son mari : « Celle-là, elle n'a pas de chance d'être née. » Elle sera étrangère sans aucun recours en cas de conflit, si ce n'est celui de s'en aller rejoindre sa famille. Le mari, lorsqu'il est présent, constitue un intermédiaire entre sa famille et son épouse. Pourtant, comme le dit la chanson, cela ne suffit pas à faire taire les critiques, les demandes incessantes : « On dit à Sanaba, va chercher de l'eau, et lave la vaisselle, et balaie la cour, et pile le mil, et fais cuire la bouillie, et va la servir, et va chercher un peu de poudre de baobab pour la sauce, et va chercher la petite sœur... Hé, Sanaba, la nouvelle venue, les travaux, les travaux de ménage sont pénibles. » Ou encore : « S'installer

---

18. Les femmes dans un village se sont opposées au retour collectif de leurs maris sous le prétexte explicite qu'elles n'auraient « plus de cadeaux ». Les cadeaux, souvent des bijoux en or, sont un des seuls moyens pour elles de se constituer un petit pécule.

chez un mari, c'est un malheur, et ce malheur-là il pèse sur moi toute seule. Si je pile le riz on me dit qu'il n'est pas assez fin, si je lave la vaisselle on me dit qu'elle n'est pas propre [19]. » Livrée à ses beaux-parents, sa situation ne s'améliore pas, on s'en doute. Mieux vaut un mari absent que quitter le village, mieux vaut un mari absent qu'une famille qui ne peut vous nourrir. Le choix est restreint.

Emancipation progressive des uns, dépendance accrue des femmes et des jeunes, réaménagement des prérogatives des autres, une question se pose : quel est le cadre qui parvient à maintenir unis ces processus contradictoires ?

Pourquoi Hamedy, Sow, Kamara ne décident-ils pas de rompre purement et simplement avec ce système de dépendance ?

Certains l'ont fait, ils sont peu nombreux. Encore plus rares sont ceux qui ont réussi. Car si l'avenir immédiat est en France, quel avenir à long terme la France leur offre-t-elle ? Travailleurs, on les tolère, citoyens, on les refuse. Bamako, pourtant plus proche, est une voie fermée, on n'y va plus. Ceux qui ont essayé se retrouvent aujourd'hui dans une situation des plus précaires. Les Soninké sont peu représentés dans l'appareil d'Etat malien, les entreprises, peu nombreuses, payent mal, seuls quelques commerçants ont réussi à gagner de l'argent [20]. Il existe des réseaux soninké à Bamako mais ils sont fragiles. Dans les années 60, des jeunes femmes ont tenté l'aventure de la ville. Elles en sont vite revenues. Stratégies des hommes, difficultés d'avoir accès aux circuits des

---

19. R. LUNEAU [1981].

20. *Mali le Paysan et l'Etat* [1981], textes présentés par P. JACQUEMOT. Il existe dans tout le Mali 25 entreprises d'Etat employant 10 750 travailleurs. Le nombre total de salariés, fonctionnaires compris, est d'environ 130 000.

métiers féminins quand ils existent ? Le premier point est certain (*cf.* chap. VI), quant au deuxième, nous n'avons pas les éléments d'enquête suffisants en ce qui concerne les femmes soninké à Bamako pour approfondir ce phénomène, par ailleurs fort intéressant. Le résultat est là : les femmes ne souhaitent plus quitter seules le village et ne le quittent plus. On ne les laisse pas non plus rejoindre leur mari en France dans la majorité des cas. Autre signe que l'idée du retour est constitutive du départ : français on ne l'est pas, malien on l'est si peu, soninké on le devient de plus en plus [21].

La mémoire pour bagage

On se rend compte à Paris qu'être de Gagny, Touroula, Somankidi, ce n'est pas rien. Etre né à Gagny, c'est plus marquant, au sens fort du terme, que d'être né à Sarcelles ou Bourg-la-Reine. C'est avoir un passé, une histoire, des légendes, des mythes communs. La conscience collective est renforcée par le double fait d'être de la région de Kayes, région largement délaissée par les autorités maliennes et d'avoir pour avenir immédiat d'être au bas de l'échelle sociale en France [22].

---

21. La décision de l'Etat français de fermer les frontières en 1974 va provoquer un mouvement relativement important de regroupement familial. On passe d'une population presque exclusivement masculine (98 % en 1968) à une population plus mixte (70 % d'hommes et 30 % de femmes, recensement de 1985). Ce mouvement concernera plus particulièrement les petits villages d'implantation récente (début du siècle), notamment ceux de la partie sénégalaise de la région comprenant des Soninké et des Peuls. La venue des femmes et des enfants en France est également un indice de la perte d'autorité du patriarche. *Cf.* chap. V et C. QUIMINAL [1987].

22. Sur le renforcement du sentiment d'appartenance ethnique, *cf.* J.-P. DOZON [1985].

Pour un jeune, opter pour le salariat en France n'est pas une position de rupture radicale mais, au contraire, induit un fort rapport à la communauté. C'est aussi parce qu'on appartient à la communauté que partir a un sens.

Mais cette communauté, tout en produisant des identités fortes de leur passé, assigne des places à chacun. Ces places ne sont pas équivalentes et si l'on peut parler de stratégie commune des cadets dans leur opposition aux aînés, si l'on peut parler d'Hamedy, Sow et Kamara sans les distinguer dans leur rapport au patriarche, il n'en est plus de même lorsqu'on considère leur rapport au village. Tous du Guidimaka, tous de Gagny, les uns sont fils du chef du village, les autres, fils de descendants de captifs bambara, de forgerons, de marabouts. « On est tous des paysans » à Gagny aujourd'hui, mais hier on était des nobles ou des captifs, des guerriers ou des paysans, des roturiers ou des hommes de métier. Et ce qu'on a été hier, on l'est encore aussi aujourd'hui.

La future condition commune de salarié n'abolit pas d'un coup le passé qui préfigure fortement l'avenir. Pourtant, sur elle et sur l'argent qu'on va gagner reposent quelques espoirs d'améliorer, de conforter la place de sa famille au regard de la communauté. Cette place diffère selon le clan auquel on appartient. Le statut social est assigné par la naissance, manifesté par le nom. En principe il n'y a pas de possibilité pour le membre d'un clan de modifier ce statut. Le système soninké, fortement hiérarchisé, fonde les inégalités sur la naissance. En partant, Hamedy, descendant de captif, n'espère-t-il pas aussi acquérir un peu plus de légitimité dans le village, rehausser le statut de sa famille, enraciner son droit de cité, effacer son passé d'esclave toujours perçu comme tel ?

Quant à Kamara, fils du chef du village, son clan

est celui qui a le plus de pouvoir dans le village, une importante prééminence dans la région. Il appartient au clan reconnu comme le clan fondateur du village, à ce titre la chefferie lui revient. Tout au plus, s'il n'est pas l'aîné peut-il entrevoir son séjour en France comme la possibilité d'acquérir de quoi contester le principe de séniorité.

Ces objectifs différents seront-ils source de conflit ? occasions de compromis, reformulant, bousculant la hiérarchie coutumière, donnant de nouveaux contenus aux anciennes formes de pouvoir ? Répondre à ces questions demande que l'on suive de près tant les stratégies individuelles que les stratégies collectives au sein des communautés reconstituées en France. Mais avant, et pour leur donner intelligence, il nous faut nous arrêter quelque peu sur l'organisation sociale et politique du village en 1970 et sur l'histoire qui la fonde.

Il y a sept régions soninké dans le cercle de Kayes. Chacune a son histoire, référence commune que l'on possède avant de s'en aller. Dans le Guidimaka, le premier à s'installer fut un Soumare : Maka Male Dono. Il régnait sur les membres de son clan et sur le clan Dyabira, tous répartis en cinq villages. Ils vivaient en paix et dans l'abondance du fruit de leurs cultures [23]. Par la suite les Kamara, chassés par les Maures, descendirent du Tagant. Si tout le monde s'accorde sur le fait que les Kamara se sont imposés pacifiquement, par la force du nombre, aujourd'hui le récit fondateur est quelque peu transformé. Hamedi raconte :

« Un chasseur venu du nord, Maka Gané Kamara, s'installe avec son clan, son armée, dans un lieu appa-

---

23. Les Soumare et les premiers Kamara auraient eu tous les deux pour prénom Maka.

remment désert. Il faut nourrir le clan. Continuellement Maka arpentait la brousse solitaire, surveillant la région, traquant quelque gibier. Son clan lorsqu'il s'absente n'est pas rassuré, mais il revient toujours. Lors d'une de ses expéditions, après avoir dissimulé son armée, il s'assied, seul en haut d'une colline (Guidi) sous un arbre. Soumare et son armée surgissent alors.

« — Comment t'appelles-tu ? demande ce dernier à Maka.

« — Je m'appelle Maka et je chasse. »

Suivent alors quelques insultes provocatrices ce qui étonne Soumare. Comment cet homme seul, étranger, ose-t-il le provoquer de la sorte ? Le ton monte jusqu'au moment où Maka peut légitimement battre le rappel de son armée cachée non loin. Cette dernière encercle celle de Soumare. Les deux armées sont face à face, celle de Soumare en mauvaise posture. Hésitations. La région est grande, une alliance plus sage qu'une bataille. Ainsi fut scellé le lien entre chasseurs éleveurs d'un côté et cultivateurs de l'autre. Les deux clans se prêteront main-forte en cas de nécessité La colline est attribuée à Maka. D'où le nom de la région : le Guidimaka : celui qui est seul sur la colline ou la colline de Maka. Hamedy ne tranche pas. Ainsi apprend-on l'origine du pouvoir des Kamara dans la région. Ils ne le tiendraient pas d'avoir été les premiers occupants mais de posséder certaines qualités indispensables pour se maintenir dans une région : courage, ruse, aptitude à la chasse. Cette version est modulée par deux petites satires que racontent respectivement les Soumare et les Kamara.

« Les Soumare qui en veulent toujours aux Kamara de leur avoir pris leur pays racontent qu'à leur arrivée sur le Guidimaka les Kamara n'avaient jamais vu ni mangé de mil ; après en avoir goûté ils en étaient devenus tellement friands qu'ils ne trouvaient plus de saveur ni à la viande ni au lait de leurs troupeaux. Gané ayant demandé du mil à Maka pour être planté, celui-ci lui aurait donné du mil bouilli que les Kamara auraient planté naturellement sans succès. Et comme Gané, étonné, demandait l'explication à Maka, celui-ci lui aurait dit que le mil n'avait pas été planté par un Soumare et que seuls les Soumare connaissent le secret de le faire pousser. »

A cette version de l'histoire les Kamara répondent par une autre : « Une des petites-filles de Maka Soumare était amoureuse d'un petit-fils de Gané Kamara et les deux jeunes gens se rencontraient en dehors du village, à la tombée de la nuit. Or un soir, la jeune Soumare fit le don de son corps et de mil non bouilli au jeune Kamara. Depuis ce jour-là, les Kamara ont eu du mil et les faveurs des Soumare. » Au fil des ans, des guerres, des déplacements, par la création de nouveaux villages dépendants des villages mères, les Kamara conquirent le titre de Roi, Tunka Khoré, grand chef, de Guidimaka. Les Sissé, les Diabira, les Gandega, les Dyawara, clans chefaux des villages de la région, acceptèrent leur autorité. Les villages s'étant multipliés, chaque clan eut à sa tête un chef qui commandait aux chefs des villages du même clan : le petit Roi, Tunka Tougouré. Lorsqu'elles se convertirent à l'islam certaines familles devinrent les marabouts des clans chefaux. Puis petits et grands rois disparurent, le Guidimaka était sous la domination des Toucouleurs. Enfin, au moment de la colonisation comme le note Saint-Père du Guidimaka : « Certains ambitieux des diverses familles auraient voulu recréer, sous notre administration, des chefs supérieurs qui seraient devenus des chefs de cantons [24]. » Les auto-

24. J.-H. Saint-Père, administrateur des colonies [1925].

rités administratives coloniales, effrayées par les rivalités entre clans, entre branches d'un même clan, préférèrent entrer directement en contact avec les chefs de village, autorités non contestées.

« Lorsqu'un individu doit être chef en vertu d'une coutume connue de tous, aucun compétiteur ne se présente et personne n'est mécontent. »

Ainsi, contrairement à d'autres régions voisines, n'y eut-il pas de chef de canton indigène. L'administration française consacra la disparition du pouvoir régional des Kamara.

Elections au village

Depuis l'indépendance, le chef de village est, de manière contradictoire, le chef coutumier, l'homme le plus âgé de la famille ayant fondé le village et le représentant élu des habitants auprès de l'autorité administrative. Il est responsable au regard de l'Etat de l'entretien des pistes, de l'évitement et de l'extinction des feux de brousse, de la lutte contre le déboisement. Ces responsabilités ne sont pas lucratives, d'autant moins que le non-respect de ces devoirs entraîne de fortes amendes. Elles sont dures à assumer, les contradictions entre les villageois et l'Etat étant nombreuses et fortes. Mais elles peuvent conférer à celui qui les détient, ainsi qu'à son clan, prestige et autorité. Le chef du village est assisté d'un conseil de village, également élu et composé des aînés de chaque famille noble.

« Le village est administré sous l'autorité d'un chef de village élu pour cinq ans au scrutin de liste majoritaire à un tour, par les électeurs des deux sexes du village. » (Ordonnance du 1er avril 1959 amendée par la loi du 15 juin 1959. La première ordonnance portait : les électeurs du sexe masculin.)

Dans les villages, pas d'isoloir, pas de bureau de vote, pas de bulletin. Chaque électeur devait se mettre en rang derrière le candidat de son choix. Un représentant de l'Etat envoyé spécialement était chargé de compter les suffrages exprimés... en chair et en os. Aujourd'hui, il n'y a plus, à proprement parler, d'organisation officielle des élections locales. A une date fixée par l'Etat, c'est là sa seule exigence, les chefs de famille se réunissent et font leurs propositions. Le village n'est pas mobilisé. De fait, les affaires du village sont réglées par une classe d'âge : les hommes de 45 à 50 ans. Le rapport obligé à l'Etat a entraîné l'ouverture du conseil du village à un certain nombre de familles jusque-là exclues du pouvoir en fonction de la compétence de leurs aînés à négocier avec l'Etat, ce sont souvent d'anciens immigrés.

Lorsqu'on demande à un villageois comment se passent les élections, il sourit et affirme : « C'est nous qui décidons. » Ce qui veut dire l'Etat n'a rien à voir là-dedans, nous respectons le système coutumier.

« Nous ne choisissons pas toujours les aînés de clans nobles, mais aussi des gens qui ont la carrure et l'intégrité morale. Quelqu'un de frileux ne sera pas choisi s'il doit courber l'échine face à l'Etat. Il y a un dysfonctionnement entre l'Etat et la société. La population sent que le pouvoir est fétiche. »

Parallèlement le Parti U.D.P.M., qui n'est pas dupe, a tenté d'implanter un comité de village. Ce dernier, quand il existe, est composé dans la majorité des cas des mêmes personnes que le conseil villageois. Il arrive, en cas de conflit entre divers prétendants d'un même clan ou entre clans nobles, que ceux qui ne sont pas les prétendants au pouvoir légitimes se servent de cette instance pour contester le pouvoir, voire même dans certains cas le prendre.

Le pouvoir du conseil est peu étendu, il porte sur les questions suivantes : modification de l'assise territoriale de la collectivité, répartition des impôts et des charges villageoises (hospitalité, assistance), toutes affaires foncières intéressant la collectivité et notamment le mode d'exploitation et d'utilisation des biens collectifs du village, toutes questions économiques et sociales intéressant directement la communauté villageoise et notamment les modalités d'exploitation du sol (semailles, récoltes, rotation des cultures). De fait, le conseil n'intervient que lorsqu'il y a conflit ou lorsqu'une décision prise par un grand nombre de familles a besoin du poids de l'autorité des anciens pour être généralisée. Ainsi a-t-il consacré l'abandon du champ individuel, conférant tout le poids de la communauté à une organisation du travail qui ne concerne en principe que la famille. De même, en 1974, période de sécheresse, il décrétera le lundi jour de congé, disant réhabiliter une vieille coutume. Cette confirmation du pouvoir coutumier par la loi pèse lourd tant sur les stratégies individuelles que sur celles des émigrés en tant que groupe social.

A ces instances de pouvoir un seul descendant de captif [25] ou quelqu'un appartenant à la caste des métiers doit obligatoirement être élu. Les gens de métier, ce sont les traditionnistes [26], les griots, les forgerons, les cordonniers. Ils sont devenus cultivateurs eux aussi. Autrefois dans un rapport de clientèle avec des familles nobles, aujourd'hui ils ont plutôt

25. Désigne ceux qui ont été capturés puis utilisés à des travaux divers comme esclaves. Pour plus de précisions, *cf.* Claude Meillasoux [1986].

26. Terme désignant ceux qui perpétuent la mémoire des clans.

le statut d'artisans qui vendent des objets de consommation. La demande n'est plus suffisante au village pour qu'ils puissent y survivre. Partir, pour eux, c'est poursuivre leur métier pour la communauté en France. C'est éventuellement aussi acquérir de nouvelles compétences dans leur métier, l'utilisation de machines par exemple. C'est, au même titre que n'importe quel autre émigré, contribuer par les envois d'argent à ce qu'il y ait assez de numéraire dans le village pour pouvoir un jour y reprendre le métier. Les traditionnistes et les griots ne peuvent plus vivre des sommes qu'ils reçoivent lors des fêtes ou des cérémonies familiales. Mémoire des clans, mémoire du village, l'importance de leur rôle est fonction de la force des valeurs du passé. Aussi, dans le groupe des immigrés en France, en seront-ils souvent les plus fervents défenseurs, les éléments actifs du contrôle social sur la communauté. Les anciens captifs, eux, sont dans une tout autre position. Citoyens de l'Etat malien, leur place dans la communauté reste négligeable, à confirmer, à conquérir. Derniers arrivés sur les terres, ils n'ont pas les meilleures. Il n'y a pas encore bien longtemps, ils travaillaient pour les autres et ils doivent faire oublier cette infériorité sociale. Partir, c'est envoyer à sa famille un revenu comparable à celui de beaucoup de familles nobles. Mais la richesse en pays soninké ne fait pas le rang social. Partir en France, c'est rejoindre un lieu où tous les Soninké sont ouvriers. Ouvrier-noble, ouvrier-marabout, ouvrier-descendant de captifs certes, mais ouvrier tout de même. Cependant il n'est pas interdit d'espérer acquérir, lors du séjour, des compétences monnayables au retour contre une certaine reconnaissance dans la vie politique.

Partir pour revenir, le détour sera d'autant plus long qu'on espère y gagner quelque chose, tandis qu'au village les conditions de vie ne cessent de se dégrader, ne serait-ce qu'en raison de ce départ nécessaire et souhaité. Quelles chances a ce défi ?

C'est à suivre les stratégies mises en œuvre par les immigrés en France, les obstacles rencontrés, tant en France qu'au village, que les chapitres suivants vont s'attacher.

CHAPITRE II

DIFFÉRENCES : DE LA REPRÉSENTATION A LA CONFRONTATION

« Si tu bêles quand les moutons hurlent comme des hyènes, tu seras mangé par les hyènes. »

Proverbe soninké.

« On apprend à hurler, dit l'autre, avec les loups. »

Proverbe français.

Partir et après...

Marseille, Toulouse, Orléans, Paris, la France, sont des noms auxquels récits, magazines, photos ont donné un contenu. Images d'images, ces représentations ne fournissent pas à elles seules l'intelligence des codes nécessaires pour s'orienter dans la ville, y trouver un travail, y vivre. Paris, quand on vient de Kabaté pour être manœuvre, acquérir un salaire, c'est un mur de différences. Non pas celles aux charmes desquelles les voyageurs en quête d'exotisme s'abandonnent volontiers, mais des différences auxquelles on se heurte et qui, faute de les respecter, à défaut de les comprendre, rendent la vie impossible.

Chaque immigré se rappelle et raconte, souvent avec un humour irrésistible, ses peurs, ses difficultés, ses bévues. Les premiers pas sur le sol français sont sujets à maintes plaisanteries. On se moque de soi. On se moque des toubabs [1].

On conjure, on éloigne ce moment de choc où, inquiétude, honte, ridicule, négation de soi, se mélangeaient. On confronte les expériences. On est tous passés par là. Entre immigrés, on rit de ce qui est arrivé, maintenant que l'on sait comment se comporter. On fait rire ceux qui sont restés de ce qui est arrivé là-bas. L'ordre de l'autre côté de la mer est vraiment étrange. On se rassure. Le choc de l'arrivée en France est toujours rude.

Entre le moment du projet de départ et celui de sa réalisation, toutes les représentations se brouillent.

Quitter le village pour la France, c'est accéder à la civilisation. Le passé est oblitéré comme si le contact dans ce sens devait permettre une accession, un partage de la puissance et non plus une domination, comme si mettre le pied sur le sol français c'était déjà faire partie d'un autre monde, celui de la puissance blanche. Or il n'en est rien. En un laps de temps extrêmement court, les quelques jours que durent le trajet, le voyageur est déchu de ses aspirations, brutalement renvoyé à ses origines, celles qui justifieront les inégalités dans lesquelles il sera maintenu. L'immigré fait l'expérience de ce que « les " différences " en elles-mêmes n'ont pas de signification intrinsèque mais elles en acquièrent une par l'utilisation qu'on en fait dans l'élaboration et la conservation d'une structure... La perception des différences est donc en elle-même un phénomène social lié inextricablement à la structure d'une société [2]. »

1. Toubab : nom donné aux Français en Afrique de l'Ouest.
2. C. Guillaumin et G. O'Callaghan [1974].

« J'arrive au port de Marseille, j'étais mal foutu, douze jours de voyage enfermé dans un bateau, mal nourri : des pâtes, des sardines en conserve, des œufs durs, je ne savais rien de ce que j'avais avalé. C'était le 12 mars, il faisait froid, très froid. Dehors, entre le bateau et le poste de douane, lorsque quelqu'un parlait, il y avait de la fumée qui sortait de sa bouche. Moi, je sais juste dire bonjour et merci, je me taisais, pas de fumée. J'étais inquiet pour les autres, quand un homme en uniforme me fait signe, je m'approche de lui, je lui dis : " Bonjour monsieur ", c'est tout ce que je savais dire, et voilà que moi aussi je fais de la fumée. J'en revenais pas. Il parlait, il parlait, moi je ne comprenais rien, par contre je voyais bien la fumée. Je lui répète : " Bonjour ", j'ajoute : "merci" : de la fumée ! Je me suis mis à parler tout seul à haute voix en soninké, pour expérimenter la fumée. Je ne pouvais rien voir d'autre, même pas qu'il m'avait tendu un papier rose. J'arrive au comptoir de sortie. Je fais comme tout le monde, je donne ma carte d'identité. Visiblement ils ne sont pas contents, ils demandent autre chose. Celui qui est derrière moi me montre le papier rose. Avec mille gestes, je demande où on le donne. On me montre vaguement le chemin que je viens de parcourir. Il faut ressortir, il fait froid, et puis il y a la fumée qui sort de la bouche quand on est dehors. Ils n'ont vraiment pas l'air content, je ressors grelottant sans savoir quoi faire. Vont-ils me renvoyer ? Mais Dieu était avec moi ce jour-là, à peine je fais quelques pas que je trouve par terre un papier rose. Je te dis pas, après, toutes les complications pour le remplir mais ils m'ont finalement laissé sortir... »

« Moi, je parlais bien français. J'étais de la classe d'âge pour qui l'Etat a rendu l'école obligatoire. A Marseille, la première fois on m'a refoulé : j'avais beau m'expliquer, rien à faire, j'avais tous mes papiers en règle, il me manquait juste un certificat d'embauche, j'avais ma caution et tout, on m'a amené à Arenc. Avec trois autres compatriotes, on nous renvoyait à Dakar. Au début, nous ne pensions même pas à l'argent que ça allait coûter, la catastrophe économique. Nous faisions des plans sur comment revenir. Le désespoir nous a pris le troisième jour, quand ils ont amené le café noir et le pain. Nous pensions qu'ils voulaient nous faire crever sur place. »

« Moi, c'était dans le train. J'avais jamais pensé qu'il y avait tellement de Blancs, même dans les champs ils étaient Blancs ! Je me demandais ce que j'allais faire parmi tous ces Blancs, d'autant qu'on m'avait dit qu'il valait mieux ne pas se faire remarquer, à cause du racisme. Mais comment passer inaperçu ? Il y a un proverbe chez nous qui dit : “ Si tu bêles quand les moutons hurlent comme des hyènes, tu seras mangé par les hyènes. ” »

« Et l'argent ? J'ai reçu à Dakar de mes frères immigrés plus de 200 000 francs C.F.A. Je croyais que j'étais riche, même si c'était une dette, j'avais jamais vu autant d'argent. En un rien de temps, tout s'est envolé : le billet, le séjour à Dakar, la valise et le costume... Il ne me restait plus que trois cents francs en poche au moment de prendre le bateau, j'étais pauvre car j'avais vu dans un catalogue ce que coûtent les choses en France. »

« En moins que rien tu n'as plus d'argent. En ville tout s'achète. Lorsque tu sais que tu vas partir, tu jettes le boubou et tu enfiles le costume toubab. A l'époque, c'était le costume trois pièces. Ce qui nous paraissait faire le plus toubab, c'était le gilet avec tous ses boutons, toutes ses poches et la cravate évidemment. Et puis on avait tellement peur du froid que toutes ces épaisseurs, chemise, gilet, veste, toutes ces fermetures, aux poignets, au cou, ça nous rassurait. Mais on était raide là-dedans, on n'avait plus d'aisance. C'est pour ça et aussi parce que c'était trop cher, qu'on refusait les chaussures de cuir. On préférait les " chaussuses " Bata comme on disait, des baskets bleu et blanc. J'avais dix-sept ans. Tu te rends compte, les baskets avec le costume trois pièces et la cravate ! Je ne faisais pas la différence, tout ça c'étaient les habits toubabs. L'habit ne fait pas le moine mais je pensais, il efface un peu les différences. Le costume, on pensait que c'était un peu de la dignité des Blancs. En arrivant au port, il n'y avait que les Africains en trois pièces ! On pouvait nous repérer au milieu de mille personnes. »

« En arrivant j'ai pris le train. J'avais soif. Il faisait chaud dans les compartiments. Aux toilettes j'ai vu un robinet. J'ai bu, j'ai bu, bon. Une semaine après j'ai pris le train avec un frère qui s'y connaissait en matière de train, pour aller à Rouen. Il m'a dit qu'il fallait pas boire l'eau, qu'elle rendait malade ! Pendant un mois j'étais sûr d'être empoisonné. Dès que j'avais mal au ventre, et ça nous arrive souvent les premiers temps, ça y est, je revoyais le robinet. »

Ordre blanc et réseaux de solidarités

L'espace social n'est pas moins déroutant. Aux nouvelles conditions d'embauche, de travail, de logement, de transports, il faut faire face avec les moyens qu'on a, c'est-à-dire des moyens peu appropriés.

« Lors de mon premier travail j'avais dix-huit ans. J'étais grand, costaud, je n'étais pas en France depuis plus d'un mois. Tous les jours, je m'entraînais à écrire mon nom. Mon frère aîné, plus petit de taille, un peu maigre, était là depuis plus longtemps. Un matin, un cousin lui dit qu'il y a une place dans une blanchisserie. J'accompagne mon frère, c'est plus facile à deux. A la blanchisserie ils nous demandent nos cartes, au début je ne voulais pas montrer la mienne, c'était mon frère aîné d'abord. Eh bien, c'est moi qu'ils ont pris. En plus, ils étaient très contents parce qu'ils m'ont demandé de signer, et j'ai signé, ils ont regardé ma carte et ils ont dit : “ C'est très bien, tu sais écrire ! ” Moi j'ai dit : “ Oui, monsieur. ” Je ne savais ni parler, ni lire, ni écrire. Quand j'avais fini un travail, je faisais un grand sourire et puis avec les mains je montrais que j'avais fini, on me redonnait du travail... »

« Là-bas, depuis le matin jusqu'au soir, il faut compter le temps. Et ton patron, il n'est pas là où tu dors pour te dire que c'est l'heure. Tu te débrouilles tout seul. Ce n'est pas comme ici au village, on part tous ensemble, ou bien le tambour t'appelle quand c'est pour un travail collectif qui concerne tous les villageois. Là-bas, il faut calculer même les minutes. Je mettais une heure quarante-cinq minutes pour aller à l'usine, Charenton, Gennevilliers. Le métro, il y en a tout le temps, je prenais le premier. Mais avant il fallait marcher vingt-cinq minutes, par conséquent je mettais le réveil à cinq heures du matin : première sonnerie. Il faut apprendre l'heure ou compter sur les copains. Le travail commençait à 7 h 30 : deuxième sonnerie. J'avais un endroit où j'étais fixé, interdiction de bouger de là. Tu pouvais même pas aller pisser, il fallait attendre la pause : troisième sonnerie. Ici quand on est dans les champs, qu'on cultive avec la daba, on y va quand on a envie, c'est pas un problème. Sans montre tu pouvais pas vivre. »

« Des logements avec seulement des hommes, c'était pas habituel. Il fallait tout faire, pas de femmes. Et encore, nous, on avait le luxe : rez-de-chaussée avec une fenêtre. Les valises, on n'avait pas de place pour les ranger. Elles étaient sous les lits. Des cordes tendues dans ce qui restait d'espace nous servaient à suspendre des cintres pour les costumes. Les costumes, ça ne se range pas comme les boubous. La nuit, si on voulait quelque chose, il fallait trouver son chemin à travers tous ces pantalons vides. »

« Pour les repas de midi, c'était la gamelle. Tout le monde mangeait ensemble mais chacun seul. Certains disaient : " Il faut pas regarder ce qu'il y a dans l'assiette du voisin. " Moi je pensais à la manière dont on mangeait chez nous ! »

On travaille rarement près de là où l'on dort. Se déplacer dans Paris ou sa banlieue quand on ne sait ni lire ni écrire ni parler le français demande quelque préparation, le recours à des artifices pour compenser un déficit manifeste. La capacité relative de chacun à s'orienter est confortée par des solidarités permettant la transmission d'habitus de fortune. Les combines sont variées, astucieuses et témoignent d'une certaine connaissance de la société française. Elles témoignent également de l'inégalité dans le combat pour trouver une place.

« Au foyer, on m'avait donné deux papiers, l'un avec l'adresse du foyer, l'autre avec celle de l'usine où je travaillais. Le premier devait rester dans ma poche extérieure gauche, le second dans la poche intérieure droite. Surtout il ne fallait pas les mélanger. Au départ, le matin, on m'avait conseillé d'aller jusqu'au métro et d'attendre au portillon pour qu'on m'indique ma direction, car quand il se ferme les gens sont forcés de s'arrêter. Ils t'écoutent ou plutôt ils prennent le temps de lire le papier que tu as sorti de la poche intérieure droite, ils t'indiquent. Quand tu sors du métro, tu t'adresses aux vieux ou aux vieilles, ils ont du temps, jamais aux filles. Parfois une vieille dame me prenait par le bras et m'accompagnait. Une fois, car tu changes toujours de boulot, y en a une, elle a commencé par enlever ses lunettes, elle les a rangées, elle en a sorti une autre paire de son sac, l'a mise sur son nez et a lu. Il fallait pas être pressé. Combien de fois je me suis perdu dans Paris, car on ne t'accompagne pas toujours et si tu sais pas lire tu sais même pas si tu es arrivé. Il faut sans arrêt sortir le papier. »

« Il y a un frère, il est resté perdu deux jours. On l'a retrouvé là où il bossait. Il arrivait pas à se rappeler son adresse. Un autre a été obligé d'aller dans un foyer qu'il connaissait de nom pour demander qu'on l'aide à retrouver son logement. Dans les grosses boîtes c'est plus facile. On y va à plusieurs. Les débuts c'est terrible ! »

Des châteaux... en France

On vient de Kabaté à Paris pour avoir de l'argent, mais avoir un salaire n'est pas le but ultime. C'est le premier pas pour tenter sa chance, vivre sa vie, être comme tous les jeunes du monde.

« Je voulais avoir une sorte d'existence de jeune. Je ne me voyais pas toute ma vie sur les miradors ou sous les arbres à palabres. »

Le voyage, c'est aussi l'attrait des différences. Non plus celles auxquelles on ne s'attendait pas, qui vous marquent comme étranger, vous renvoient au passé, vous isolent, mais celles dont on avait rêvé, qui éblouissent, qu'on admire, auxquelles on s'adapte sans détour, qu'on s'approprie immédiatement. Elles font l'objet de récits d'une tout autre nature. A la veillée, celui qui est parti raconte longuement ce qu'il a vu. Il tente par là d'acquérir un peu de prestige, de défendre un statut d'émigré ou plus modestement de faire excuser son absence, de lui donner un sens.

Derrière la ville hostile, impénétrable qui sans cesse vous rappelle que savoir lire et écrire est une arme puissante, nécessaire à la communication, à la maîtrise des codes, il y a la ville qui se montre, qui se donne. Regarder, admirer est une forme d'appropriation de l'espace que personne ne peut disputer à personne, que nul ne vous envie. Se promener en est une autre. Combien de dimanches, de jours fériés, Hamedy, Sow et Kamara n'ont-ils pas passé à déambuler dans Paris ! Les Tuileries, la place de la Concorde la nuit, le château de Versailles, la tour Eiffel étaient des spectacles conformes à l'image qu'ils avaient du monde occidental. Certes, les Français en Afrique, c'étaient les travaux forcés pour les Africains mais c'étaient aussi les trains, les voitures, les machines, l'électricité, les routes, les belles maisons. En France, dans « leur » pays, pays de la puissance, tout devait être « civilisé ».

« C'est lorsque j'ai travaillé à la chaîne chez Renault que j'ai compris qu'une voiture, ce n'était pas seulement unc chose extraordinaire, mais aussi beaucoup de travail, d'humiliation, de danger, d'asservissement, même pour certains Blancs. C'est lorsque j'ai eu des frères morts sur des chantiers ou tout simplement qui construisaient des tours splendides et habitaient des bidonvilles que j'ai compris que le système des Blancs était pas tout blanc, qu'il était partout pareil, que les grandes choses qu'ils faisaient, il y en a toujours qui les payent de leur sueur sans y avoir droit et même des Français, mais surtout nous, les Noirs ! Ça n'empêche que la Défense ou la place de la Concorde, surtout la nuit quand c'est tout éclairé, tu peux pas t'empêcher d'admirer le spectacle. Tu te dis les hommes, c'est quelqu'un. Les Français, ils sont forts. Le travail de la pierre et la lumière, c'est ça qui m'impressionnait. »

En France, le fait d'avoir vu la place de la Concorde ne constitue pas un privilège, ne donne aucun prestige, au village si. Dire qu'on a vu les grandes réalisations des Blancs, c'est affirmer une certaine proximité avec eux.

Enfin les différences, c'est aussi ce à quoi on est réduit. C'est ce qui vous situe une fois pour toutes en bas de l'échelle sociale, ce qui nie toutes les aspirations du départ, parfois même annule les différences de statut dont on jouissait au village. De celles-là on parle peu. Leur sens est encore imprécis. En ont-elles un ? On ne les signale que lorsqu'on est sûr qu'elles sont passagères, qu'elles révèlent la folie de l'ordre blanc. Elles ne sont évoquées que pour réaffirmer les solidarités qui ont été nécessaires pour faire face aux aberrations auxquelles l'Occident contraint l'homme noir.

Etranger déplacé

Sans autre bagage que le désir de partir pour la France, le jeune voyageur « tente de s'approprier les apparences pour avoir la réalité »[3]. Il se projette en harmonie avec ses aspirations dans la ressemblance avec le Blanc : le costume trois pièces. Mais sa méconnaissance de la diversité des pratiques vestimentaires trahit sa vision, sans distinction, homogène, de la France, pays moderne. La proximité des Français à laquelle il s'attendait du fait même de l'abolition des distances, de son déplacement, s'avère illusoire dès ses premiers pas sur le sol français. Son inquiétude commence dès qu'il se rend compte que le rapprochement physique n'implique pas le rapprochement social. L'étonnement face à tellement de Blancs est aussi un accablement. Il aura beau se faire tout petit, ne pas attirer l'attention, il sera vu de ce regard qui indique une place, sanctionne tout écart de conduite.

Cette image qu'il avait de la France puissante, qui devait, comme par osmose, dès lors qu'il était sur son sol, lui donner un peu de sa puissance, s'écroule. Il se retrouve maladroit avec son passé qu'il voulait dépasser. Son inquiétude ne concerne plus ceux qu'il a laissés là-bas, mais lui parmi ceux qui sont ici. Il ne se sent plus un jeune plein d'espoir mais un étranger. Tout le renvoie non pas à ce qu'il voulait être, ni même à ce qu'il était, mais à ce qu'on attend de lui en tant qu'étranger : pour certains, qu'il reparte, pour d'autres, qu'il vende sans autres prétentions sa force de travail, rarement qu'il soit « un jeune comme les autres ». Bref, on le tolère à condition qu'il en « rabatte ». Il arrive dans une société où, parmi les différences, tout aussi arbitraires que néces-

3. Bourdieu [1977].

saires au système, qui fondent la hiérarchie, on ne lui reconnaît que des différences négatives. Ce qu'il est : non Français, non Blanc, non alphabétisé, ne correspond en rien à ce qu'il faut être pour être quelqu'un. Son patrimoine ainsi réduit est considéré comme fondamentalement négatif et l'est objectivement au regard du système. Ainsi se rend-il compte que si rien n'interdit de rêver l'avenir tout seul au village, lorsqu'il s'agit de le construire il dépend aussi de « la représentation que s'en font les autres agents [4] ».

En l'occurrence, il fait l'expérience malheureuse du fait que la quasi-totalité des Français s'entend pour éloigner l'étranger de toute idée de promotion, pour le désigner comme étranger en l'installant dans une configuration dont le centre réside dans sa société d'origine, celle précisément à laquelle il tentait d'échapper [5].

Ces incidents, plus tard relatés sous la forme d'aventures, indiquent l'inadéquation profonde de comportements acquis en d'autres lieux, pour répondre à d'autres situations, respectant d'autres hiérarchies, d'autres rythmes, d'autres espaces, d'autres activités. Ils attestent une distance [6] mais aussi simultanément les stratégies mises en œuvre pour la parcourir. Il n'y a pas un immigré qui n'ait trouvé les moyens de se rendre au travail, de s'orienter dans une ville, de savoir en définitive ce qu'il doit savoir, ce qu'il peut faire et ce qu'il ne peut pas faire.

Choc entre deux cultures, choc profond certes, mais dans lequel la culture d'origine ne joue pas comme une seconde nature figée à jamais, indépassable. Aucun mode d'emploi n'est fourni par la société

4. Bourdieu [1977].
5. G. Althabe et M. Selim [1986].
6. Pour une critique de la notion de distance *cf.* V. de Rudder [1985].

d'accueil qui s'impose plus qu'elle ne s'expose. Exclusive, elle ne révèle son sens, ses codes, à l'étranger que grâce à un combat incessant. La ville est vaincue somme toute assez rapidement, par la nécessité qu'il y a à y vivre, le savoir que les aînés en ont déjà acquis, par le désir aussi.

Toutes ces différences sont ponctuelles et non substantielles. Elles sont bien spécifiques ; elles sont celles vécues par des Maliens Soninké, de la région de Kayes, OS en France.

Elles n'existent que dans la mise en relation des deux espaces, des deux sociétés, l'une dominant l'autre. Dormir à dix-huit dans une chambre, faire la cuisine lorsqu'on est un homme n'est pas typiquement africain. C'est tout simplement la manière dont on permet à certains Africains de subsister en France. C'est là un des moyens utilisés par la société d'accueil pour justifier les relations économiques et politiques qu'elle impose à ses étrangers.

Venus pour échapper à une dépendance jugée insupportable parce qu'ayant perdu de son efficacité, les migrants africains se trouvent confrontés à un nouvel ordre social dans lequel ils ne peuvent s'inscrire qu'à condition de s'appuyer sur l'ancien, reconstitué en France.

Hamedy était venu pour être « une sorte de jeune comme les autres », il ne peut subsister qu'en s'appuyant sur ses aînés !

Les récits : exportation du vécu

Ces différences, enfin, ne sont pas toutes de même nature et sont vécues selon plusieurs modalités. Elles ne donnent pas lieu au même type de parole ou de silence. Il y a celles qui se racontent sur le ton de la moquerie ou de la plaisanterie. Celles-là sont en général évoquées lorsque plusieurs émigrés se retrouvent au foyer ou au village. On s'interrompt, on se relance, on se moque de soi, de ce qu'on était lorsqu'on a débarqué en France. On rit d'autant plus qu'on s'estime désormais averti. Raconter les difficultés nées des différences, de l'inattendu, c'est tout à la fois une manière de se différencier de ceux qui n'ont pas voyagé au village : maintenant on sait, on est averti, et de créer des connivences entre immigrés. On invoque les solidarités : en France plus qu'ailleurs on est tous des frères. On réaffirme son appartenance, et ce d'autant plus volontiers que les moqueries peuvent porter sur certaines incongruités du système social français : demander la permission pour aller uriner, montrer sans arrêt ses papiers d'identité, être toujours pressé, dormir sur des lits superposés...

Il y a les différences vécues comme positives. De celles-là on en parle plus volontiers au village qu'en France. On les atteste d'abord en ramenant des objets insolites, puis quand on raconte, c'est sous la forme du récit de voyage, d'une histoire qui s'adresse à tous les membres de la famille, aux amis venus à dessein pour les entendre, le soir à la veillée. On vous écoute : le métro, l'eau courante, l'électricité, l'argent, le plaisir, les femmes, les grands magasins, on y a participé, il faut en convaincre les autres. Que ces récits se déroulent dans la cour du Ka n'estompe que partiellement la rupture qu'ils expriment. Un individu raconte son entrée dans une autre société. Et cette entrée se doit d'être réussie. L'émigré justifie son départ. Il excuse son absence.

Des différences touchant le fonctionnement de la communauté au contact des Blancs on ne parle pratiquement pas lorsqu'on est au village, elles restent l'objet des querelles en France. L'absence de femmes, l'ébranlement de la division sexuelle du travail (les hommes font la cuisine, la lessive), du statut des aînés, des nobles, ne sont pas nommés. Plus que des différences, ce sont des transformations à l'œuvre, hautement conflictuelles, qui ne sont reconnues qu'interprétées comme des solidarités conjoncturelles nécessaires pour faire face à des situations transitoires.

En France, dans la conjoncture des années 70, échapper au statut peu enviable d'étranger, trouver des modalités d'implantation qui ne soient pas l'acceptation de l'exclusion, de la différence mutilante, nécessite apprentissages et détours, inventions et force. Etre reconnu comme interlocuteur dans et par la société française n'est pas donné à l'étranger dès l'arrivée. Pour ce faire, les immigrés devront d'un même mouvement se constituer en force, c'est-à-dire trouver, définir un cadre de référence unificateur, refuser toute assignation identitaire qui tenterait de les enfermer dans leur passé, voire même dans un passé imaginaire dont on les affuble volontiers, prendre la mesure, enfin, des transformations qu'ils vivent nécessairement, du seul fait qu'ils sont ouvriers dans une métropole capitaliste.

Le partage obligé de leur vie quotidienne en foyer va servir de ciment à une unité nécessaire pour conserver un minimum de dignité malgré des conditions de vie misérables. Ce mouvement qui va forger de nouvelles identités va avoir des répercussions profondes dans le pays d'origine tant en ce qui concerne la communauté villageoise, ses rapports avec l'Etat, qu'en ce qui concerne le rapport des immigrés à leur village, à leur Etat. Des stratégies vont naître en France pour le village, dans le souci d'utiliser au mieux, grâce à un compromis audacieux avec les anciens, le capital acquis en France. Le détour est en cours, il sera long.

Chapitre III

D'UNE HISTOIRE A L'AUTRE

« — A ton avis, pourquoi travaille-t-on ?
— Pour vivre...
— Ta réponse me plaît. Mais à ta place j'aurais été moins catégorique. »

Cheik Amidou Kane, *L'Aventure ambiguë.*

Du taudis au ghetto

En cette fin des années 60, les beaux jours des marchands de sommeil étaient derrière eux. Des caves, hangars, hôtels délabrés, bidonvilles, toute une population incontrôlable fut priée de déguerpir. En échange de ces lieux insalubres, largement dénoncés, à l'origine de nombreuses tuberculoses et autres maladies, le gouvernement proposait des Foyers ou « Centres économiques réservés aux Africains noirs de langue francophone ». Des associations, amies de l'Afrique [1], étaient chargées par le F.A.S. (Fonds d'Action sociale) d'amé-

1. Les principales associations amies de l'Afrique sont : L'ASSOTRAF — IMFRP — L'AFTAM — La SOUNDIATA — Le BAS — L'ADEF — LA SONACOTRA.

nager de vieux locaux industriels en habitation, puis de les gérer. Plus rarement des immeubles étaient construits à dessein.

Du point de vue des autorités françaises, cette politique de regroupement des Africains noirs était supposée résoudre de nombreux problèmes. Elle offrait à la fois la possibilité de contrôler une main-d'œuvre qui déjà récusait la place qui lui était assignée [2], tout en énonçant officiellement la définition la plus restrictive qui fût de l'Africain en France : un étranger noir, célibataire, non-citoyen, force de travail, bon marché [3].

Par ailleurs, le scandale des taudis résorbé, un problème social était résolu, les immigrés casés dans des limites tolérables par la société française. « S'ils prenaient notre travail du moins n'occupaient-ils pas nos logements. » Par une inversion idéologique digne des traditions coloniales, le regroupement par race fut justifié par la tradition noire, bien qu'on n'ait jamais vu en Afrique, pas plus qu'ailleurs, des modes de partage collectif du sommeil (jusqu'à dix-huit par chambre) strictement masculin. L'Etat fit de cette invention, ajustée à des impératifs économiques, une concession à la tradition africaine. De ce qui était nécessité de survie on fit vertu.

Quant au point de vue des intéressés, les logements en appartement leur étaient interdits. Ils ne correspondaient pas à leur salaire, encore moins à la volonté des propriétaires. Les belles constructions dont ils avaient rêvé au village, prestige des Blancs, leur étaient inaccessibles. Monnayant des espaces de fortune, s'accueillant entre eux en l'absence de structures pré-

---

2. Luttes des sans-papiers, pour la régularisation, luttes d'usines : Penaroya, Renault.
3. C. MEILLASSOUX [1977].

vues, la vie collective leur fut imposée. Ils l'organisèrent pour préserver tant bien que mal une certaine dignité contestée et un budget qui devait inclure les économies nécessaires au paiement d'une dot, des dettes, des besoins de la famille restée au village. Le foyer fut aussi la première expression, désormais reconnue, de l'efficacité de l'organisation des communautés africaines noires, des réseaux de parents, amis, covillageois.

La communauté d'habitation : rencontre d'une diversité des réseaux [4]

Livrés à eux-mêmes, les propriétaires privés, parfois africains, se souciaient peu de la salubrité des emplacements qu'ils louaient. Les conditions de logement faites à cette catégorie de travailleurs étaient tout simplement bestiales. Cinquante, cent, cent cinquante hommes dans un espace plus qu'exigu, au besoin sans fenêtres, des lits métalliques superposés à trois étages. « Il suffisait de se pencher pour faire passer les nouvelles ! Pas de problèmes de communication, là-dedans on entendait tout. Quand Cissoko crachait, ma poitrine brûlait ! » Les lits se touchaient, seule une allée centrale de cinquante centimètres environ permettait la circulation. Aucun autre meuble ne trouvait place dans ces salles où il s'agissait de dormir, se détendre, s'habiller, préparer la gamelle, toutes activités de reconstitution, les activités sexuelles étaient bien entendu exclues. En dehors des valises, seuls les clous

4. La terminologie en ce qui concerne le groupe social a donné lieu à de nombreux débats. E. TERRAY retient quatre types de groupes : communauté, collection, réunion, réseau. La communauté serait définie par la résidence commune et les activités collectives : dans le cas présent, le temps commun passé à la reproduction de la force de travail. E. TERRAY [1969].

avaient droit de cité pour recevoir les vêtements. Deux douches, trois W-C, pour six cents personnes au 65 rue de la République. Cinq robinets au-dessus d'une rigole de zinc pour deux cents personnes rue de Charenton, des chambres de cent vingt personnes dans les « foyers » du Sergent Traore, cent dix dans ceux de Madame Ndyae [5].

Pourtant, comme le rappelle quinze ans plus tard Traore, ancien locataire du 65, aujourd'hui au foyer de Vincennes, on était plus libre. « Ils n'appelaient pas la police. Nos frères qui n'avaient pas de lit n'étaient pas chassés comme des chiens. En cas de maladie ou de licenciement d'un locataire, le collecteur, le plus souvent un Arabe ou un Noir, acceptait d'attendre qu'il retrouve un emploi pour pouvoir acquitter son loyer. »

Faute de logement, en l'absence de toute législation, il fallait bien s'arranger. Mais plus on s'arrangeait, plus on se dérangeait. Le sommeil lui-même devenait impossible. La révolte n'était pas loin. Elle sera déclenchée par des augmentations de loyer abusives, confortée par les actions policières de fermeture des locaux insalubres, organisée par nécessité, soutenue par des organisations d'extrême gauche.

Le peuplement de ces lieux s'était fait sur la base de liens diversifiés occasionnant des regroupements complexes et pas toujours homogènes. En aucun cas, il ne s'agissait d'un choix. Vivre ensemble n'était pas au départ une exigence issue d'on ne sait quelle tradition. Au village, chacun a sa chambre, sauf les enfants. De plus, partir, c'était aussi rompre avec ceux que l'on connaissait, aller voir, aller vivre dans un autre monde, celui de l'aisance et non de la promiscuité.

---

5. NIANGUIRY KANTE [1986].

« On ne croyait pas qu'au cinquième étage, il y aurait des lits superposés ! Ça se contredit pour nous [6]. »

Sur les deux cents cohabitants, on en connaissait cinq ou six. On pouvait être de la même ethnie, mais de pays différents. (C'est le cas par exemple des Soninké répartis entre le Mali, le Sénégal et la Mauritanie) ; de la même région, mais d'ethnies différentes, de langues différentes (Bambara, Soninké, Kassonké, Peuls.) Au fil des ans, des lits étaient réservés, ajoutés pour de nouveaux arrivants, des regroupements se constituaient à l'intérieur de la communauté d'habitation.

Au sein de la communauté d'habitation, liens familiaux, amicaux, régionaux, villageois, étaient à l'origine de regroupements multiples, à fonctions diverses, d'inégales importances. Les rapports de ces différents groupes entre eux et avec la communauté d'habitation étaient à la fois conflictuels et de complémentarité.

Des liens familiaux

Sans doute la plus fréquente, l'unité sur la base d'un rapport de parenté, était la plus petite. Un groupe d'hommes, le plus souvent, un aîné : oncle, frère ou cousin avait permis à deux ou trois cadets de venir. Il leur avait payé le voyage, trouvé un lit. Il leur donnait de l'argent de poche en l'attente du premier salaire, ajoutait au costume trois pièces quelques vêtements chauds pour passer l'hiver. Habituellement, aîné et cadet ne sont jamais d'accord, c'est admis par les anciens. « Ils se disputent même sur le plat [7]. »

---

6. Un immigré malien cité par M. Samuel [1978].
7. E. Pollet et G. Winter [1971].

La condition de salarié aurait-elle créé de nouvelles solidarités ?

Les plus jeunes l'entendaient bien ainsi. L'aîné leur avait permis d'échapper aux travaux des champs, à l'horizon limité du village. Cependant, le passé ne s'efface pas comme ça. Le dessein des aînés était plus complexe. Faire venir son jeune frère, c'était lui permettre d'accomplir son rêve, c'était également atténuer la solitude en France, racheter la faute de départ en la rendant commune. Tous coupables d'être partis, entre immigrés commençait à s'établir une certaine complicité.

Mais il y avait aussi l'espoir des aînés, celui de partager les envois d'argent au chef de famille, celui d'accélérer le moment du retour en assurant la relève. Ayant payé leur dot, ils avaient désormais femmes, une ou deux, et enfants au village. Peu d'enfants car comme le disait Mamadou :

« Dieu m'a puni parce que je suis parti. Je suis marié depuis dix ans et je n'ai que deux enfants, un fils et une fille. »

« Combien de fois es-tu rentré au village ? »

A la question, il éclate de rire.

« Je sais, deux fois, mais quand même, qu'est-ce qu'on fait ici ? Dieu m'a puni, il faut rentrer... »

Ruse de l'histoire ou stratégie des aînés, les jeunes étaient reconnaissants aux plus vieux de les avoir fait venir. Cette reconnaissance devenait allégeance de par la force des valeurs reçues. La dette « d'installation » réactualisait en France le statut d'aîné vidé de son contenu au village. Les conditions mêmes du voyage réinstauraient la dépendance à laquelle les cadets pensaient échapper lorsqu'ils partaient. Ces derniers devaient, rien de plus normal, non pas seulement rembourser leurs dettes mais aussi honorer leur débiteur et, parce que c'était une des justifications qu'ils s'étaient données à eux-mêmes pour partir, contribuer aux envois d'argent à la famille. Etrangers, introduits sur le marché du travail lestés de cette double dette, il leur fallait bien un aîné pour leur apprendre à compter, à épargner. En général, les salaires étaient confiés à cet aîné qui les redistribuait et les gérait à sa manière [8].

Au village, les chefs de famille ne s'y trompaient pas. C'est à l'aîné qu'ils envoyaient leurs demandes, toujours assorties de la recommandation pressante de veiller sur les jeunes. En confortant l'autorité du plus âgé, ils confortaient la leur. Avant même de recevoir sa première paie, le nouvel arrivant était renvoyé à son statut de cadet qu'il avait fui au détriment de celui de salarié pourtant déjà bien précaire. Ce qu'il gagnait du côté de l'identité, il le perdait du côté de la liberté. Et puis, s'il entendait un jour à son tour bénéficier de la prééminence de l'aîné, il lui fallait accepter de perpétuer le système. Payer leurs dettes, certains l'ont fait mais ce fut également décider de rompre avec le village. En France, quel avenir ?

Ces rapports de parenté n'étaient pas exempts de conflictualité. Certains jeunes tentaient d'affirmer leur émancipation en consommant comme les Blancs. Ils buvaient de la bière, fumaient, délaissaient le boubou, recherchaient, suscitaient les contacts avec les rares Français qui fréquentaient les foyers : membres d'associations d'entraide, d'alphabétisation, militants politiques. Respect de la famille, attrait de la société, ils confiaient leur argent à un aîné mais ne faisaient pas les prières, ni le Ramadan. Seuls les plus âgés pratiquaient consciencieusement la religion musulmane. Et s'ils se plaignaient de la mécréance des jeunes, elle leur permettait de s'ériger en garants des valeurs. Leur

8. Outre nos enquêtes, *cf.* M. Samuel [1978].

indulgence les confirmait dans leur rôle. Les jeunes aujourd'hui l'ont compris qui réclament des mosquées à l'usine, se rendent à la prière collective. L'émancipation relative des uns demeurait compatible avec les prérogatives des autres.

L'amitié

Ces groupes comprenant quatre ou cinq hommes de la même famille étaient les unités les plus courantes dans les logements de fortune. Mais la parenté n'était pas la seule source de regroupement. Celui qui vous avait fait venir pouvait être un ami, soit quelqu'un du même village, même classe d'âge, soit quelqu'un rencontré à Dakar ou Bamako. Un ami avec qui, pérégrinations, aventures citadines avaient été partagées : recherche d'un travail, attente du billet, virée chez les prostituées. On se promettait secours et entraide. Le premier qui le pouvait mettait un point d'honneur à respecter ses promesses.

L'élargissement des relations concomitant à celui des espaces parcourus et des situations endurées induisait des liens quelque peu insolites par rapport à la communauté que l'on avait quittée : des rapports d'amitié.

« L'amitié est d'abord une relation élective et libre, et, par conséquent, ouverte sur le dehors. A chaque individu elle ménage un accès à l'autre, non par rapport à soi comme individu isolé mais par rapport aux différentes unités de référence (famille, lignage, ou clan par exemple)[9]. » Entre amis ils partageaient généreusement les conditions précaires, ils s'entraidaient, à la recherche de nouvelles règles du jeu social.

9. A. Adler [1986].

Relation choisie, libre, elle s'opposait aux relations de parenté. Ce type de solidarité était mal vu par les « aînés ». Aussi avaient-ils à cœur de renforcer les liens familiaux, villageois.

La présence du village

Chaque mini-cellule familiale avait des ramifications à l'extérieur. Le samedi, on allait visiter d'autres parents, d'autres covillageois, à Clichy, à Aulnay-sous-Bois, Meaux, Bagnolet ; on échangeait les nouvelles. Ainsi de la famille tout finissait par se savoir : mariages, maladies, naissances, décès, état des greniers, montant des impôts. On savait également qui n'envoyait pas assez d'argent, ne répondait pas aux demandes des femmes, qui se comportait mal en France. On le rappelait à l'ordre. Du village, tout finissait par se savoir, de ceux qui en étaient partis pour la France également.

Outre le téléphone et les voyageurs, les lettres jouaient un rôle considérable dans la circulation de l'information, la contrainte. Entre les mains de ce peuple sans écriture, elles devenaient un moyen de lancer l'opprobre sur celui qui ne remplissait pas ses devoirs. Il en fut ainsi de nombreuses lettres de femmes à leur mari. Ne sachant pas écrire, elles s'adressaient à qui le pouvait, souvent un étranger. A leur réception Boubou, Sylla, Dramé se faisaient lire ces lettres poignantes autant qu'accusatrices dont voici quelques extraits :

« Cher mari, il faut prendre tous les moyens possibles pour m'envoyer quelque chose. Ça fait plus de quatre mois que tu ne m'as rien envoyé. Pourtant tu sais que j'ai des besoins nécessaires. »

« Cher mari, A vous mes nouvelles. Rien de mal

ici... Toi, tu es à Paris, mais c'est mon oncle qui s'occupe de moi... Tu m'as dit de te dire ce que je veux. Ce n'est pas moi qui dois te montrer tes devoirs. Si tu penses à moi réellement, chaque semaine, tu dois m'envoyer quelque chose. Même si tu ne m'envoies pas quelque chose, envoie quelque chose pour ton enfant. Sinon il n'a pas d'habillement... La première des choses, tu me donnes, pas tes belles paroles une fois de plus[10] ! »

Lettres privées rendues publiques par la force des situations, le village veillait au maintien du respect de l'ordre familial. Néanmoins sa présence en France était encore faible. Marabouts et griots lors des veillées en rappelaient l'histoire, en célébraient les familles. Les caisses de village étaient peu nombreuses. Elles servaient principalement au rapatriement des malades. Elles exprimaient la suprématie des nobles et les contradictions qui les opposaient entre eux. Le nombre de ressortissants d'un même village étant peu élevé, les caisses par région leur étaient préférées. Elles étaient plus efficaces. Faibles au Mali, les villages plus soucieux de préserver leur propre hiérarchie que de répondre aux appels de l'Etat étaient en France de peu de poids sur la communauté soninké.

Tensions et unité

Organiser la communauté d'habitation n'allait pas de soi. Cent, deux cents, six cents personnes sous le même toit, les garnis clandestins abritaient des hommes, bien que tous « Africains noirs » de plusieurs

10. Niangury Kanté, *op. cit.* La première lettre a été envoyée à un nettoyeur de 38 ans, père de six enfants, atteint de tuberculose, hospitalisé, la deuxième à un chômeur.

nationalités, plusieurs ethnies ne parlant pas tous la même langue : soninké, peul, bambara ; des nobles, des Nyakamala (hommes de métier), des anciens captifs ; des jeunes et des moins jeunes. Cette communauté hétéroclite, conflictuelle, composée strictement d'hommes, devait produire ses règles de cohabitation afin de préserver tant bien que mal les sommeils, un minimum d'ordre et de propreté. Elle devait permettre à ses ressortissants de faire des économies sur un maigre salaire sans le concours des femmes. Enfin, elle dut rapidement se défendre contre les attaques extérieures : augmentation des loyers, expulsions, racisme. Situation tout à fait particulière que celle d'hommes adultes, salariés, contraints d'organiser collectivement cette partie de leur vie que l'on aurait appelée, pour d'autres, vie privée. Les institutions villageoises étaient trop rigides, l'institution familiale trop exclusive.

Quant aux institutions françaises, elles leur étaient encore étrangères, inadéquates de surcroît. La structure de référence fut accommodée aux nécessités du moment, celles des groupes d'âge. L'unité de la communauté d'habitation ne repose pas au départ, bien évidemment, sur l'âge mais sur la condition commune d'étrangers sans toit, ni droits, célibataires. La structure des groupes d'âges, commune à de nombreux peuples africains, plus souple que l'organisation familiale ou villageoise, permet le fonctionnement de cette unité, elle permet d'inscrire dans les rapports de corésidents des solidarités et du même coup de nouveaux droits et de nouveaux devoirs [11].

Ce n'est pas cependant une structure égalitaire, mais bien plutôt une adaptation à son usage des structures hiérarchiques de l'organisation politique et sociale

---

11. M. Augé [1975]. *Cf.* également D. Paulme [1971].

soninké. Au sein du groupe d'habitation, les nobles ont la prééminence sur les Niakamala (gens de métier) et les Niakamala sur les anciens captifs. En ce sens, la structure respecte les identités d'origine généalogique de chacun. La classe d'âge est une organisation strictement sexuée. Elle ne comprend que des hommes ou que des femmes. Le seul moment où l'homme peut faire la cuisine, et encore s'agit-il d'un ancien captif, c'est lors des repas collectifs des groupes d'âge. Dans « le foyer » pas de femmes, la tâche reviendra donc à des anciens captifs. Encore faut-il, pour qu'ils acceptent, qu'ils ressentent l'importance des solidarités d'ensemble.

Dans ces mêmes années 60, la hiérarchie entre les castes n'était guère contestée. Par contre, entre les nobles, les rivalités étaient actives, appuyées sur des conflits historiques dont les mémoires divergeaient de région à région. Si les Dukure sont, même en voyage, les chefs incontestables du Diafhunu, dans le Guidimaka, il y a longtemps que certains Soumare n'obéissent plus aux Kamara. Et qui d'un Dukure ou d'un Kamara aura la suprématie en France ? L'histoire ne le dit pas clairement, ou plutôt elle le dit de différentes manières. Le séjour en France, les luttes d'influence, les tensions entre castes, ethnies seront une incitation à récrire l'histoire. Les conflits n'ont pas manqué. Le choix du doyen des nobles comme chef de groupe d'habitation les a certainement atténués. Sagesse ? Impossibilité de faire autrement ? Sauf dans les rares cas où le chef (Kirisé) était le plus âgé de la famille la plus considérée, le principe de séniorité était respecté.

C'était sur le doyen, Kirisé, et les conseillers dont il s'entourait, un ou deux nobles parmi les plus âgés, un marabout, un ancien captif, que reposait le bon fonctionnement de la vie collective. Le Kirisé recevait tous les fonds collectifs qui servaient à alimenter une caisse. Un trésorier les gérait, en général un noble, un homme de confiance ou un marabout. Un ancien captif ou plusieurs les collectaient. Ces fonds provenaient soit de cotisations, soit d'amendes.

Les cotisations servaient à acheter les biens nécessaires à la confection du petit déjeuner, des repas du soir et du déjeuner de midi, le dimanche. Les chômeurs pouvaient être exemptés de cotisation. Les nobles faisaient les achats et les anciens captifs la cuisine. Ces derniers faisaient également le ménage. En contrepartie, ils ne payaient pas les repas (5 francs à l'époque). Les amendes, pratiquées déjà dans les classes d'âge, étaient infligées par le chef à quiconque ne respectait pas la discipline : bagarres, vols, non-paiement des cotisations, drogue, désobéissance à l'égard d'aînés. Le chef convoquait les assemblées générales. Ces assemblées générales traitaient de tous les problèmes qui affectaient la vie communautaire. Problèmes internes : plaintes des résidents quant à la qualité de la nourriture, des cuisiniers contre les nobles qui n'achetaient pas ce qui était nécessaire, allait-on installer le téléphone, acheter un Frigidaire. Conflits entre les différents sous-groupes, mauvais comportement, mauvais esprit, non-respect des jeunes à l'égard des anciens ; problèmes extérieurs : augmentation de loyers, coupures d'eau.

Ces assemblées générales, peu démocratiques bien que tout le monde y fût présent, étaient des moments importants pour la cohésion du groupe d'habitation. Elles avaient lieu régulièrement une fois par mois. Dans leur forme, elles réaffirmaient les hiérarchies sociales, seuls les plus âgés nobles avaient le droit de parler, même s'il s'agissait d'un problème soulevé par un « jeune ». Elles permettaient la circulation de l'information, étaient un mode de résolution des conflits. La sentence du Kirisé était sans appel. Il devait être obéi, même s'il ne décidait rien avant d'avoir entendu les patriarches. C'était à lui en principe que revenait la décision d'attribuer les lits, d'accepter un nouvel arrivant. La question était d'importance, le rapport de force n'étant pas indifférent au nombre de ressortissants d'un même village. Dans les années 60, les membres d'un même village dans une même habitation étaient au nombre de cinq ou six. Aujourd'hui, résultat non du hasard mais de véritables stratégies, ils peuvent être jusqu'à soixante.

Structure d'adaptation à la condition imposée d'immigré africain noir en France, la communauté d'habitation — organisée conjointement sur la base de références communes, religieuses et socio-politiques : le principe de séniorité, la hiérarchie des castes, l'islam, et d'éléments hétérogènes à ces références : salaires, dortoirs, préparation de nourritures achetées — est une institution fragile à cause de ses contradictions. Pourquoi un vieux d'origine servile devrait-il servir un jeune d'origine noble alors qu'ils sont tous les deux salariés ? Outre qu'elle doit assurer le maintien de rapports conviviaux entre des individus appartenant à des peuples, des partis, des syndicats différents, elle doit gérer son rapport à la société française. L'hostilité de cette dernière à son égard n'est pas étrangère à la constitution de son unité, néanmoins traversée de différences qui peuvent, dans les conditions matérielles déplorables qui sont les siennes, facilement dégénérer en conflits.

Le principe du respect du plus âgé a l'intérêt de ne pas s'opposer, voire même de conforter les rapports au sein des groupes familiaux entre aîné et cadet, mais son application en France est peu compatible avec le respect de la hiérarchie des castes. La révolte des anciens captifs refusant la nouvelle division du travail sera une des premières. Ils ont gagné. Tous les jeunes devront faire la cuisine en attendant que cette tâche devienne un métier destiné aux femmes. Ce compromis aura de nombreuses répercussions.

La communauté d'habitation, unité conflictuelle, n'avait pas que des problèmes internes à régler. Elle était une modalité particulière d'insertion dans la société, insertion non pas individuelle mais collective. Le Kirisé était aussi le représentant de la communauté à l'extérieur. L'extérieur, c'était, pour l'heure, la police, la préfecture, la mairie, l'EDF, les propriétaires et leurs collecteurs.

Comment faire front, en ces temps de dénonciation des taudis, sinon en renforçant l'unité afin que le relogement pour tous soit obtenu ? Le Kirisé, notable en son village, avait-il les qualités requises pour mener à bien des négociations qui s'avéraient redoutables ?

Les structures mises en place pour assurer une discipline interne compatible avec le respect de chacun allaient-elles être efficaces à l'extérieur pour imposer le respect de tous ? Replié sur lui-même, le village, dans son indifférence forcée à l'Etat, n'avait pas éduqué ses hommes, aussi nobles fussent-ils, à des affrontements de ce type. Pour y faire face, de nouvelles structures vont naître.

CHAPITRE IV

LE VILLAGE ET SES ÉTRANGERS

« Les paysans ne sont pas assez savants pour raisonner de travers. »

MONTESQUIEU, *Variétés.*

Les paysans en Etat

Les grands désordres de la colonisation n'avaient pas atteint fondamentalement l'organisation des villages soninké. Dix ans après l'indépendance, ceux-ci s'érigeaient encore en rempart des lignages, garants de leur pérennité. Nulle atteinte à l'espace, le terroir du village demeure celui inscrit dans la mémoire du maître de la terre. Les pistes qui le traversent sont entretenues par les jeunes villageois, cantonniers de fortune. Elles sont en mauvais état, défoncées par le passage de gros camions qui filent vers la Mauritanie ou le Sénégal. Aucune intervention de l'Etat ne vient pallier l'absence d'outils adéquats. Où vont les recettes des péages installés aux différentes sorties de Kayes ? Les paysans l'ignorent. De toute évidence, elles ne servent pas à l'entretien des voies de communication.

D'accès difficile en saison sèche, le village, lorsqu'il n'est pas situé le long du fleuve, reste isolé durant la saison des pluies. Pas de téléphone, pas de poste, pas d'électricité, pas de transports publics, quelques transistors, cadeaux d'un des rares immigrés, dont on économise les piles en n'écoutant pas les nouvelles diffusées en français ou en bambara, rarement en soninké, langue locale.

Les étrangers de passage sont peu nombreux. Après les récoltes, un berger maure, ou peul, sa famille et son troupeau pourront s'installer en marge du village, moyennant un peu de lait et le fumier que les bêtes laisseront sur les champs. On n'achète pas d'engrais. Parfois on épouse leurs filles, on ne leur en cède jamais. De temps à autre, un colporteur courageux, venu de Kayes en vélo, propose de Ka en Ka de menus objets, shorts pour les enfants, pièces de tissu, lampes électriques, piles. Plus discret, car illicite à l'époque, le commerçant qui vient proposer du grain à des prix excessifs en période de soudure, en acheter à bas prix lorsque les greniers sont pleins. Evénement, l'arrivée du bâché qui livre la tôle commandée par un émigré pour remplacer les toits de chaume qu'il n'est plus là pour entretenir.

Il y a enfin ces personnages dont les villageois redoutent la venue : hommes de Parti, plus rarement femmes, ou fonctionnaires. Leurs visites sont coûteuses pour la communauté et plus particulièrement pour son chef. Il faut les recevoir selon les usages, c'est-à-dire avec faste. Les loger, les nourrir : travail en plus, grain, poulets ou cabris en moins. Il n'y a ni hôtel ni restaurant. Tradition exige, la respecter, c'est aussi en réaffirmer la force face à des hôtes qui sont là comme représentants d'un ordre étranger. C'est leur rappeler que pénétrer dans le village, c'est en reconnaître les règles. Le don n'est pas innocent. Le chef et le conseil du village se voient confirmés en leur pouvoir par l'Etat lui-même. Cet échange d'un capital économique contre un capital symbolique [1] renforce d'autant plus le pouvoir traditionnel que le pouvoir de redistribution de l'Etat ne s'étend pas jusqu'au village dans la région de Kayes. Les impôts par capitation sont lourds, les écoles sont rares et peu recherchées, les routes, la santé, le courrier, l'eau, les fonctionnaires à charge des habitants.

Dix ans après l'indépendance, l'Etat est étranger au village, tenu à distance par ses chefs. Pourtant le village n'est pas étranger aux préoccupations de l'Etat. Dès la fin de la Seconde Guerre mondiale, les futurs dirigeants du pays se sont appuyés sur les paysans pour conquérir leur légitimité. En faisant campagne pour l'abolition du travail forcé, des greniers de réserves, l'indigénat, ils vont acquérir le soutien des paysans. Ayant obtenu gain de cause, ils vont pouvoir compter avec leur appui. Cette alliance ne durera qu'un temps, celui de leur accession au pouvoir, la mobilisation paysanne faisant place à la méfiance puis à l'hostilité. Bien que le village soit une pièce constitutive du projet socialiste de Modibo Keita, le village ne considérera pas la réforme agraire comme une alternative possible [2].

Manque d'expérience, insuffisance des moyens financiers et techniques, manque de cadres, abus, pressions extérieures, ces facteurs ont tous certainement joué dans l'échec de la réforme agraire. Mais ils sont aussi la réalité des pays africains à l'aube de leur indépendance et, sauf à dire que le destin de ces pays était inexorablement enfermé dans ces données, les mécanismes qui renvoient les fonctionnaires à leur

1. P. Bourdieu [1980].
2. J.-P. Olivier de Sardan [1984]. *Cf.* également Cheick Oumar Diarrah [1986].

Etat et les paysans à leur famille méritent qu'on s'y arrête. Dans le cas du Mali, ils le méritent d'autant plus que le processus envisagé pour associer la paysannerie à un développement socialiste relevait plus d'une pensée de la transition que de la terreur. Il s'agissait de transférer l'organisation de la production agricole de la famille à la collectivité villageoise. L'audace de ce projet était tempérée par la modestie des premières applications proposées.

Coopératives et champs collectifs

L'idée était de créer un objet, un moyen de travail en commun : le champ collectif, de taille limitée, un hectare environ dans les villages de la région de Kayes, sur lequel de nouvelles méthodes de culture devaient être appliquées, l'outillage amélioré. Ces méthodes étaient divulguées par des encadreurs au village, à l'école saisonnière ou au service civique rural.

Dans chaque village était instituée une coopérative à laquelle tous les villageois étaient tenus d'adhérer : Groupement Rural de Production et de Secours Mutuel (G.R.P.S.M.). Le capital de ces groupements ruraux était formé par la souscription obligatoire et égale de tous les coopérateurs (60 francs maliens en 1965), par des cotisations exceptionnelles exigées en vue d'opérations ponctuelles : achat de semences par exemple, enfin par la vente des récoltes issues du champ collectif. L'expérience des parcelles collectives devait avoir des effets d'entraînement, posséder par elle-même des vertus persuasives quant au bien-fondé, à l'efficacité du nouveau mode d'exploitation de la terre proposé. Il n'en fut rien. Dix ans après leur création les champs collectifs étaient abandonnés.

Que s'était-il passé ? Ignorance de la part des paysans ? Certainement pas.

Un gigantesque travail de propagande avait été fait dans tout le pays. Pas un village dans la région de Kayes, pourtant bien éloignée de la capitale, n'a été négligé. La vivacité des débats lors de notre enquête vingt ans plus tard sur la mémoire du modibisme en milieu paysan témoigne de l'importance de la participation villageoise à la vie politique du pays. Aucun village n'ignore l'existence du Parti Progressiste Soudanais dirigé par Fily Dabo Cissoko ou de l'Union Soudanaise issue de la fusion du Bloc Soudanais de Mamadou Konaté et du Parti Démocratique Soudanais de Modibo Keita, ni le contenu des débats qui les opposaient. On se souvient que le gouverneur socialiste du Soudan donna curieusement son appui à Cissoko et non à Konaté qui était pourtant affilié à la S.F.I.O. Toutes nos enquêtes menées sur la mémoire du modibisme en milieu paysan montrent qu'il n'a laissé personne indifférent, pour ou contre. Le contenu politique de son projet était largement connu comme le montre cet entretien avec un ancien chef de village.

Bobo Bidanessi raconte...

— Quand et comment avez-vous entendu parler de Modibo Keita ?

— L'Histoire n'étant pas écrite, il faut la répéter dix fois, vingt fois et elle se transforme. Ce que je vais vous dire, il faut l'écrire pour le fixer, même si d'autres vous le disent autrement. Aujourd'hui, le monde est perturbé par les hommes eux-mêmes.

« J'ai été appelé en 1939, à mon retour il y avait deux propagandes, celle de Fily Dabo Cissoko et celle de Mamadou Konaté. C'est Cissoko qui a gagné. Il a fait cinq ans deux fois. A la troisième élection Mamadou Konaté a gagné mais il est tombé malade et il est mort. Son successeur était Modibo Keita. Il est venu à Dyataya pour demander le vote en faveur du Rassemblement Démocratique Africain (R.D.A.), et expliquer, village après village, les modalités du vote. La première élection a eu lieu à Batama. Les femmes votaient. Des camions venaient chercher les votants.

« J'ai connu les deux tendances P.S.P. (Parti Progressiste Soudanais) et R.D.A. par des relations. Et puis on s'engage. On peut aimer quelque chose au travers de quelqu'un. La cause de mon adhésion au R.D.A. vient de mes rapports avec mes amis, un Dukure de Batama, et un Seydoux Bathily de Marena. Après l'élection du gouvernement provisoire soudanais, il y eut une grande fête à Kayes. On y a été nombreux. Ce sont ceux de Kayes qui faisaient passer les informations à ceux qui étaient élus. Ils appliquaient les directives point par point. Il y avait aussi des réunions à Ségala où tous les militants se retrouvaient. Moi, j'étais chef du village et cadre du Parti. Tout le monde marchait ensemble. Au tout début du R.D.A., les vieux, s'ils s'engagent, c'est toute une famille qui est derrière eux.

« Par prudence, les Cissoko soutenaient Fily Dabo parce que l'histoire du village prime sur l'histoire nationale. Mais ça n'a pas eu d'avenir, avec Modibo et après Modibo on est resté comme avant : quand le chef du village est un Bidanessi, le président du conseil est un Cissoko et inversement en respectant la règle du plus âgé. Chaque village avait un bureau du R.D.A. et les informations passaient en permanence. J'allais partout dans la région, tout le temps, même pendant la saison des pluies. Je ne pouvais travailler la terre, c'est mon jeune frère qui le faisait pour moi.

« Ce que l'on visait ? C'est la cause elle-même. Faire du Soudan un pays libre avec des hommes libres pour exister à titre individuel et collectif ; le travail collectif qui puisse être bénéfique pour tous. On avait une coopérative avec des statuts et des cotisations, 1 000 francs C.F.A. Elle était tenue par mon frère. On avait aussi un champ collectif sur lequel on cultivait du coton. Lorsque la coopérative a débuté, il y avait 100 000 francs pour son ouverture. Entre responsables du cercle on a fait un champ collectif à Ségala. Mais tout ça n'a rien donné. Rien ! On a même prévu une école, là juste en face de celle qui existe maintenant, mais ça n'a pas été repris par les gens de Kayes. On avait été jusqu'à Kayes pour leur annoncer mais ils ne nous ont pas soutenus. L'école est retombée.

— Pourquoi à votre avis ces échecs ?

— Ce n'est pas l'esprit des gens qui était mauvais, mais la direction. Si tu t'engages dans une affaire il faut pouvoir aller jusqu'au bout. Pour nous, si on fait une affaire collective et qu'il y a une erreur, si tu peux pas le dire parce que ça fait des problèmes, alors tu réussis pas.

« Au niveau du pays, ce qui a gâché les choses, c'est qu'il y a des consciences qui trompent l'homme. On dit qu'on est tous pareils mais les pensées sont pas les mêmes. Il y a des consciences qui sont pour la destruction. Dans le discours, on dit qu'on est tous les mêmes mais on n'est pas égal, on est tous différents. Les Africains sont analphabètes, beaucoup de choses les dépassent. Il y avait un certain mouvement qui critiquait, les dirigeants ont eu des menaces. Des ennemis se sont infiltrés et ont essayé de casser les arguments mis en avant par Modibo Keita. Ça a créé des méfiances, mêmes les députés étaient divisés, à un moment une minorité décidait pour tout le monde.

« Ici au village les gens suivaient. Mais des militants

de base ont été nommés pour saboter ce que les anciens militants faisaient. A Marena, c'était pareil. Pour la coopérative, j'avais tout le contrôle au village, mais on devait aller faire peser le coton à Ségala. Là-bas, on te dit le poids mais on ne te paie pas ; on te donne un papier disant " ça vaut tant " mais on ne voit pas l'argent. Au bout d'un très long temps on nous a convoqués pour nous dire que le coton que la coopérative avait apporté était gâté. C'était nous qui devions de l'argent parce qu'on n'avait pas respecté nos engagements. On a fait sortir tout ce que le petit frère possédait. Ils l'ont saisi. Le médecin de Ségala a reçu ce qu'il appelait son dû. Encore après il disait que le village avait une dette.

« On visait le travail collectif qui puisse être bénéfique pour tous ; c'est cela qui a été gâté. A des gens comme ces dirigeants corrompus on peut leur dire seulement : " Je te laisse avec le bon Dieu ! Dieu jugera. "

Alternative fictive et résistance passive

Obligatoire, la constitution des champs collectifs, des coopératives n'avait pas rencontré d'hostilité farouche. Pratiquement chaque village avait « sa » coopérative, « son » champ collectif. Le champ de la communauté villageoise ? Certes. Mais qu'était la communauté villageoise en 1960 ?

C'était une communauté inégalitaire, hiérarchisée, dont l'organisation politique, le chef du village et son conseil, n'avaient pour fonction que d'ordonner, c'est-à-dire veiller à ce que les règles de voisinage, de rapport entre les familles soient respectées. C'était du respect des places assignées par l'histoire que chaque famille renforçait sa légitimité, par ailleurs fort ébranlée, à être l'unique lieu de production et de redistribution. Le chef de village et son conseil, les aînés des familles nobles, élus depuis peu, reconnus comme les gardiens de l'ordre ancestral depuis toujours, étaient, pouvait-il en être autrement, les responsables des coopératives. Convaincre les paysans du caractère obsolète de leur mode de production et de redistribution par une expérience dont la direction était confiée aux plus fermes défenseurs de l'économie de subsistance avait peu de chance d'aboutir. Les nobles ne s'opposèrent pas en général à l'expérience. Ils en subvertirent le sens et la portée.

Quel serait l'emplacement du champ collectif ? Allait-on céder les terres les plus riches ? C'eût été bien risqué. Ne fallait-il pas d'abord nourrir la famille ? Des terres non cultivées, bien souvent, parce qu'épuisées furent désignées pour accueillir les travaux collectifs.

Qu'allait-on y cultiver ? Du mil ? Du maïs ? Déposer dans une coopérative le symbole même de la richesse des familles, personne n'y a songé en pays soninké. On opta pour des cultures marginales, celles pratiquées par les femmes : l'arachide et le coton.

Qui fournirait le travail nécessaire à l'entretien de ce champ ? C'était aux aînés d'en décider. Ils envoyèrent leurs cadets. Ainsi les jeunes qui allaient travailler sur le champ collectif n'y allaient-ils pas en tant que cadets révoltés contre leurs aînés, adhérant à une innovation conçue pour les libérer du système lignager mais en tant que cadets mandatés par leurs aînés. Dans ces conditions la négation partielle du système familial était sans grand intérêt. Les jeunes, hommes ou femmes ne pouvaient trouver leur compte à ce genre de travail doublement imposé : par les aînés, par l'Etat. Pour les femmes c'était un travail en plus. L'enjeu lui-même s'estompait. La modernisation ? A qui ce surplus de travail profiterait-il, sinon à ceux qui s'en étaient dispensés ?

L'achat prévu d'une charrue même avec des fonds collectifs ne donnait aucune garantie quant aux champs de qui elle serait affectée. La décision n'appartenait pas à ceux qu'un tel achat aurait pu intéresser. Ils le savaient. De surcroît, les revenus que pouvait procurer la culture d'une mauvaise terre, par des cultivateurs peu motivés, une fois amputés des frais occasionnés par les réceptions faites aux délégations du Parti, par l'entretien des moniteurs, par les missions à l'extérieur des délégués du village, voire même par l'achat obligatoire des cartes du Parti, étaient tout simplement dérisoires.

Les seuls effets de cette mesure, quand elle en eut, furent contraires aux effets attendus : renforcement des inégalités, par le biais du travail collectif les familles influentes ont accaparé le travail des cadets des familles sans autorité ; convictions confortées : en dehors de l'économie domestique point de salut, et son corollaire méfiance, voire hostilité à l'égard des interventions de l'Etat. L'Etat impose, dispose, il ne résout rien. Mieux vaut encore le pouvoir des familles nobles dont l'intérêt est aussi la dépendance des cadets.

L'extranéité du village à la politique étatique fut accentuée par les mesures prises en matière de commerce. Tout commerce privé fut interdit. Ventes et achats devaient passer par la coopérative. Sans prendre position sur le fond, à savoir le bien-fondé du monopole d'Etat du commerce, ce qui est certain, c'est que l'Etat malien n'avait absolument pas les moyens d'une telle politique. Elle rendit les abus qu'elle voulait combattre clandestins et par là s'interdit d'y remédier. Le système était aussi lourd qu'inefficace. Et sans doute parce qu'il visait plus à approvisionner les villes à bon marché qu'à servir les paysans, ces derniers n'eurent qu'un souci, y échapper. Prohiber les colporteurs, fermer les boutiques, ce n'était pas du même coup supprimer les besoins auxquels ils répondaient. Or le réseau de distribution des magasins d'Etat (S.O.M.I.E.X.) était déficient à tous points de vue. Incapable de répondre à une demande minimale dans la région, l'Etat ne possédait même pas ses propres moyens de transport. Les propriétaires de camions se montrèrent des intermédiaires cupides mettant en échec toute politique des prix. Commerçants et consommateurs étaient insatisfaits.

En ce qui concerne le mil, un système d'achat et de rétrocession avait été mis sur pied. Les opérations en étaient compliquées. En décembre, un collecteur envoyé par la Société Mutuelle de Développement Rural (S.M.D.R.) arrivait au village. En accord avec le comité de gestion de la coopérative, il déterminait la quantité globale de mil que le village devrait commercialiser. Le Conseil du village répartissait cette charge entre tous les cultivateurs âgés de vingt à soixante ans. La S.M.D.R. devait payer à l'avance, sur la base du prix fixé par l'Etat, à charge pour le village de rembourser ce qu'il n'était pas en mesure de livrer au vu de la récolte.

L'objectif était double, inciter les paysans à cultiver des surfaces suffisamment étendues pour approvisionner les stocks de l'Etat, lutter contre les cultivateurs-commerçants accaparant le mil à l'époque de la récolte pour le revendre à des taux usuraires en période de soudure. Une fois encore, il ne fut pas atteint, au contraire. Les effets d'une telle mesure furent inverses de ceux qu'on en attendait.

D'une part, découragés par le faible prix d'achat, les paysans qui avaient un surplus se gardaient bien de passer par la coopérative pour l'écouler. Echanges locaux ou commerce clandestin leur semblaient, à juste titre, bien plus rémunérateurs. La proportion des récoltes officiellement commercialisées dans la région de Kayes n'a jamais dépassé les 0,5 %.

D'autre part, le Conseil du village, composé de ceux qui produisaient les plus grandes quantités de mil, décidait des quantités que chaque famille devait remettre à la coopérative. Il n'était pas exceptionnel qu'il fixe des quantités relativement basses pour ses membres représentant souvent les familles ayant les récoltes les plus abondantes, relativement hautes pour les petits producteurs. De la sorte les membres du conseil préservaient leur surplus pour le revendre à des prix élevés ; le revendre entre autres à ceux dont la production était insuffisante à satisfaire leur propre consommation et, par conséquent, incapables de livrer leur dû à la coopérative. Ainsi un petit producteur pouvait-il recevoir sur avance 32 francs par mudd de mil (un mudd égale 4 kg) de la part de la S.M.D.R. et devoir lui livrer quelques mois plus tard du mil acheté jusqu'à 50 francs le mudd à ses covillageois ! L'opération était d'autant plus difficile à débusquer qu'elle portait sur des quantités relatives, qu'elle jouait sur des inégalités.

Détourné par ceux qui le pouvaient, le système était insupportable aux autres. Ces échecs, on s'en doute, ne remplissaient pas les caisses de l'Etat, encore moins ses greniers. Aussi lorsqu'une épidémie de choléra se déclenchait rien n'était-il fait pour l'enrayer. Par contre lorsqu'un feu de brousse n'était pas maîtrisé à temps par les paysans tenus pour responsables, de fortes amendes étaient-elles infligées.

Au fil des jours les ponctions sur la paysannerie s'accroissaient tandis que diminuaient les actions de redistribution, d'assistance en provenance de l'Etat. Rien d'étonnant dans ces conditions à ce que le village fût de plus en plus réticent à lui ouvrir ses portes. Tout en renforçant la communauté villageoise, l'Etat renforçait l'hostilité à son égard. Les solidarités internes étaient plus sûres que les interventions extérieures. La Société Mutuelle de Développement Rural n'était pas à même de pourvoir aux soudures difficiles.

Les différentes unités de production, en l'occurrence les familles, vont opter, elles n'ont guère d'autres choix, pour une logique de la subsistance, de préférence à celle qu'impliquerait une adhésion à la voie socialiste. Cette logique étant, dans les conditions d'aujourd'hui, incapable de répondre à ses objectifs sera assistée par celle des départs vers le salariat. Dans sa majorité réduite au statut économique de paysan pauvre, la communauté villageoise se replie sur le village, ferme tant que faire se peut ses portes à l'Etat.

Un nouvel étranger potentiel : l'émigré

N'est-ce pas en partie à cause de cet Etat qu'on laisse partir les jeunes quelle que soit leur origine ? Comment payer les impôts sans leur argent ? Départs nécessaires autant que redoutés : les jeunes ne devenaient-ils pas étrangers au village à cause de leur séjour en France ? C'est en tout cas ce que pensaient les anciens, l'image des émigrés qu'ils diffusaient. Ruse ? En partie, car si les jeunes quittaient la famille, le village, pour devenir « quelqu'un », ils ne le pouvaient finalement qu'au regard de l'univers familial, villageois. Leur voyage n'avait de sens que si cet univers complexe, pesant, contesté, continuait d'exister. Et ce d'autant plus qu'il n'y avait pas de place pour eux dans la société hôte. Cadets permettant à la famille de subsister, ils en sapaient les fondements par leur envoi d'argent : fidélité assassine, geste à double sens. Le paiement de la dot, des impôts, l'achat de grains lors des soudures difficiles ne reposaient plus seulement sur une gestion prévoyante des récoltes par les chefs de famille. Les aînés dépendaient en quelque sorte des cadets. Désormais ils n'avaient plus les moyens d'assumer les fonctions fondant leur autorité. Il leur fallait cacher la chose, la nier.

« Celui qui dépend des services des autres doit être plus malin qu'eux, avoir des secrets, garder ses distances [3]. »

Les secrets entourèrent l'argent. Les distances, l'émigré ne les avait-il pas marquées par son abandon du village pour l'étranger ? Encore fallait-il construire autour de son absence l'édifice susceptible de délimiter des places convenables.

« Sans nous, vous ne pouvez subsister », auraient pu dire les cadets.

Et les anciens de rétorquer :

« Sans nous, pas d'avenir. »

Mais comme l'avenir était incertain, il leur fallait également trouver quelque subterfuge pour subvertir le sens de l'intervention présente des émigrés.

Peu à peu, en réponse à la menace qui pesait sur l'ordre social, se constitua au village une image négative de l'émigré. N'était-il pas, de manière contradictoire, à la fois responsable de la situation et étranger potentiel au destin de la communauté ? Etranger et coupable ? Coupable parce que devenu étranger ou étranger parce que coupable ? Responsable de la situation, il l'était à plusieurs titres. Il avait fui les travaux des champs, et ce, précisément, au moment où c'était à lui de remplir les greniers après les avoir vidés. Ne l'avait-on pas nourri pendant de nombreuses années sans qu'il rapporte rien ?

Certes les besoins en monnaie étaient de plus

3. E. POLLET, G. WINTER [1971].

en plus importants, mais n'en était-il pas en partie responsable ? N'était-ce pas lui qui avait introduit de nouveaux objets, de nouveaux besoins ? Les transistors, les bicyclettes, le Nescafé, les bouillons Kub, le pain ?...

Etrangers, ne sont-ils pas en train de le devenir : il faut sans arrêt leur rappeler leurs devoirs, envoyer de l'argent par exemple ? Certains ne donnent même pas de leurs nouvelles, d'autres ont complètement disparu, on ne sait même pas où ils sont ! Ils ont pris leur femme et puis plus rien. Et pourtant, on le sait au village, s'il y a moins de travail à l'étranger les salaires sont plus élevés.

« Avant il y avait du travail pour tous en France, on venait nous chercher dans le village, mais les salaires étaient très bas, épargner pour la famille était très difficile, mais on le faisait. Maintenant il y a moins de travail, c'est pour ça que les jeunes ne doivent pas partir, mais les salaires sont gros, on gagne beaucoup plus d'argent qu'avant. Ça va jusqu'à 5 000 F. Moi, je gagnais 500 F en 1966. Mais j'ai dû revenir. »

Ceux qui reviennent en vacances refusent de prendre la daba. Ils sont paresseux. Là-bas ils boivent de l'alcool, ils fument, ils dépensent beaucoup d'argent. Ils sont mécréants. Les marabouts l'ont fait savoir. En somme, ce n'est pas sans raison qu'on les appelle les « toubabs » ou les « francemen ». Cette représentation de l'émigré, pour injuste qu'elle soit, n'est pas sans fondement. C'est sur elle que le système domestique s'appuie pour maintenir dans son cadre symboliquement cohérent des processus contradictoires. La pression morale, les risques, sont tels pour l'émigré de se retrouver l'étranger de partout, l'homme de nulle part, qu'il considérera les demandes de ses aînés comme des obligations. En rassemblant les fautes de chacun, en construisant une image type de l'émigré, les chefs de famille pouvaient continuer à disposer de l'argent de leurs fils, voire même à accroître, sans autre justification, leurs exigences. Une fois encore le système domestique, bien que fortement assisté, avait réussi à subvertir, à intégrer des éléments qui lui étaient étrangers. La menace de l'autonomie des jeunes par le salaire était contrecarrée par les anciens.

Pourtant le coût de l'opération était élevé. Cette représentation négative des émigrés, tout en les menaçant d'exclusion, les constituait en groupe social et ce de manière d'autant plus dangereuse qu'ils se regroupaient de plus en plus nombreux d'un même village dans un même foyer en France. La menace n'avait pas fait disparaître les tensions, elle les distribuait différemment.

Les immigrés avaient eux aussi leur représentation des aînés. Obtempérer aux demandes de plus en plus importantes, c'était aussi mener une vie extrêmement dure en France. Tout ça parce qu'au village plus personne ne voulait travailler. Les jeunes n'allaient plus ramasser de bois... « On était considérés comme des vaches à lait qui devaient se débrouiller pour manger mais à qui on pouvait demander du lait jusqu'à plus soif. Ceux du village ne respectent pas le travail. Ils croient qu'il suffit d'être en France pour être riche. Si tu n'as pas mangé d'herbe, tu n'as pas de lait, et tu dois en donner. Il nous fallait réagir. »

La vie en foyer leur fut d'un appui incontestable. Du partage obligé de la vie quotidienne aux luttes que le refus d'une situation par trop dégradante entraîne vont naître les regroupements nécessaires à la constitution d'une force active : les comités de résidents puis les associations de transformations villageoises.

CHAPITRE V

PLACE ASSIGNÉE, PLACE CONQUISE : L'INITIATIVE RETROUVÉE

« Nous sommes ouvriers, sires, ouvriers !
Nous sommes
Pour les grands temps nouveaux où l'on voudra savoir,
Où l'homme forgera du matin jusqu'au soir,
Chasseur des grands effets, chasseur des grandes causes,
Où, lentement vainqueur, il domptera les choses
Et montera sur tout comme sur un cheval !
Oh ! splendides lueurs des forges ! plus de mal,
Plus ! — Ce qu'on ne sait pas, c'est peut-être terrible :
Nous saurons ! »

A. RIMBAUD, *le Forgeron.*

Partis pour devenir « quelqu'un », accueillis comme des moins que rien, Hamedy, Sow, Kamara vont devoir faire preuve d'une exceptionnelle ténacité pour exister. Partis pour échapper à une dépendance sans avenir, happés à peine arrivés par les réseaux nécessaires à leur survie, contraints à des solidarités, ils se sont engagés dans la bataille contre les taudis, pour le relogement de tous. Ils obtinrent des foyers.

Au petit matin la police débarquait, les occupants de la rue Saint-Denis étaient priés de déguerpir, on les menait au foyer Barrat à Montreuil, ceux de la chocolaterie d'Ivry au foyer Porte de Paris à Vincennes : mesures de salubrité publique !

Place assignée, place conquise

Place assignée, place conquise, lieu de rencontre éphémère d'une politique étatique et de la demande de certains groupes d'immigrés, le foyer pour Africains va rapidement devenir un lieu de tensions multiples, chaque partenaire y trouvant ses raisons sans que les motifs coïncident. Pour les uns, il est un lieu de contrôle politique et de gestion sociale, pour les autres un lieu d'affirmation de leur présence en France.

Le foyer, espace construit de l'exclusion

Pour l'Etat cet espace dessine, conforte une certaine figure de l'immigré, figure qui, au demeurant, n'existe qu'au regard des besoins de l'industrie, d'une conception particulière de la société française. Violence à la réalité, inscription dans l'espace de rapports sociaux, le foyer est l'expression construite de l'exclusion. Grâce à l'institution « Foyer », loin de toucher aux prérogatives des intérêts privés sur la gestion économique de l'immigration, l'Etat entend façonner cette dernière, la définir comme stricte force de travail bon marché, astreinte à résidence. Après avoir attiré cette main-d'œuvre, il fallait la tenir à l'écart, d'autant plus que vers la fin des années 60 elle devenait turbulente. Les foyers, « ces bagnes mitigés » comme disait Proudhon des usines, auraient dû convenir.

Logements relativement bon marché, grâce à l'exiguïté de l'espace accordé à chaque habitant, ils ne devaient pas être source de pression du côté des salaires. Six hommes dans 12 m² à Barrat, dix-huit dans 30 m² à Saint-Denis, on est loin des normes qui seront exigées pour le regroupement familial, sans doute des « célibataires » étrangers n'ont-ils pas besoin d'intimité. Logements pour hommes seuls, ils devaient faciliter une certaine mobilité, conforter l'idée du retour : quel avenir pour un homme qui n'est sollicité qu'à condition d'accepter d'être célibatairisé ? Logements qui, sous prétexte de respecter les spécificités, la culture d'origine organisaient la ségrégation, renforçaient, au sein de la population française, l'idée d'une extranéité incontournable des immigrés, les coupaient des liens qui se tissent ordinairement dans les quartiers [1] ?

Logements sans titre, les habitants n'y sont pas locataires mais résidents, on les héberge, ils n'y ont aucun droit, ils peuvent être expulsés à tout moment. Ils ont des devoirs : payer leur loyer, respecter le règlement. Un gérant est là pour y veiller.

Une identité réappropriée

Matérialisation d'une politique d'exclusion et de contrôle, les foyers étaient aussi la reconnaissance d'une présence, l'affirmation d'une force. De nombreux groupes d'immigrés africains s'étaient constitués contre les marchands de sommeil et les taudis dans lesquels ils vivaient, exigeant le relogement pour tous dans des conditions décentes. La conjoncture d'alors, à la fin des années 60, ne fut pas étrangère à la constitution de cette force ni à sa capacité à se faire enten-

1. C.V. MARIE [1988].

dre. De nombreuses organisations avaient pris fait et cause pour ces groupes d'immigrés nés à la faveur du partage d'un même espace de reproduction. Ces derniers avaient compris qu'à certaines conditions, jusqu'à un certain point, leur existence en France était négociable.

Le relogement en foyer obtenu, il leur fallait prendre possession des lieux. La voie était étroite dans cet espace strictement affecté pour une autre interprétation, une autre utilisation que celle pour laquelle il avait été conçu. Entre l'exclusion et l'affirmation de soi, la frontière est ténue quand on est étranger [2]. De la concentration de deux cents, trois cents voire six cents personnes originaires pour la plupart de la même région, il fallait constituer une force pour échapper au ghetto, organiser la vie commune malgré les tensions dues à la situation dans laquelle ils étaient confinés, celles propres au système qui leur servait de référence, enfin dans la contradiction qui les opposait à la politique étatique présente sous la forme du bâti, du gérant, des règlements, des loyers.

Rejetés vers leur passé, il leur fallait l'utiliser pour négocier leur place en France et par conséquent le dépasser. Ainsi, s'appuyant sur la réactualisation d'un certain nombre de pratiques usuelles communes à tous, la communauté de foyer va s'approprier, aménager l'habitat qui lui est réservé. Point fort d'une reconstruction identitaire, le foyer va devenir le lieu principal de l'élaboration et de l'affirmation des revendications spécifiques des ouvriers africains en France ; le lieu de constitution d'une force qui, en répertoriant ses différences, assoit son autorité [3].

Mais, que l'on soit clair, il s'agit d'une reconstruc-

---

2. Sur les notions d'identité, de culture, de force, *cf.* J.-L. Amselle [1990].
3. G. Lenclud [1987].

tion créatrice. Si les intéressés s'emparent des matériaux d'un passé africain pour forger leur unité, ils s'emparent également de certaines traditions ouvrières ou militantes. Les différences mises en avant sont de nouvelles différences, celles propres à des ouvriers africains noirs en France vivant en foyer. En ce sens, la nouvelle identité caractérisant les individus appartenant à la communauté de foyer se heurtera tout autant à une certaine interprétation de la tradition : celle qui justifie et reproduit les hiérarchies du village, qu'à une certaine conception de la modernité en France : celle qui justifie les exclusions. En conséquence, plus qu'un simple lieu d'habitation, le foyer sera un lieu de lutte pour la vie, de négociation de l'existence, de transformations de création identitaire.

L'appropriation des lieux sera à la mesure des capacités qu'auront les différentes communautés d'habitation à s'opposer tant à une gestion extérieure les niant qu'à une gestion intérieure ne tendant qu'à reproduire une hiérarchie présentement sans fondement. Elle se fait selon deux processus contradictoires : d'un côté, le renforcement des liens familiaux et villageois, de l'autre, celui de la communauté d'habitation.

Nulle revendication n'exprime mieux dans sa complexité et sa difficulté à être vécue la situation contradictoire dans laquelle se trouvent ces communautés que la demande conjointe d'égalité des droits et du respect des différences.

Etranger chez soi

« Nous qui venons de l'autre côté de la planète, on a intérêt à être unis pour faire valoir nos droits. »

« Avant tout au foyer on est chez nous, entre nous, on se sent des êtres humains. »

Le chez-nous n'a rien à voir avec un chez-soi. Les habitants d'un foyer se sentent chez eux principalement parce qu'ils sont entre eux. Logement excluant les épouses et les enfants, hébergement précaire, le foyer n'a aucun des attributs d'une maison. Les chambres partagées par plusieurs hommes sont aménagées, entretenues par la société gestionnaire. Les meubles standards : lits, chaises, placards, appartiennent à cette dernière, interdiction de les déplacer, interdiction d'en introduire de nouveaux. La seule pose d'un verrou est prohibée. Sur les murs, quand les lits superposés n'en n'interdisent pas l'accès, il y a très peu de décorations : une photo rappelle l'Afrique, la famille, une page de journal avec l'équipe de foot de Tigana atteste que l'on peut être reconnu. Jamais de femmes, on ne rêve pas avec les murs ! Les valises, symboles de la mobilité, du caractère réversible de la situation sont toujours visibles. Les seuls objets dont les résidents soient propriétaires sont ceux qui servent à meubler le temps, de préférence de manière conviviale : la théière, le téléviseur, le transistor. Ces objets sont couramment utilisés simultanément. On devise autour d'un verre de thé tandis que défilent les images à la télévision et que le transistor en musique de fond émet le chant d'un griot accompagné de la kora.

La chambre, plus chambrée que chambre, est un lieu de passage, de va-et-vient permanent. Elle n'est pas un lieu d'intimité ; on ne frappe pas pour y entrer. De toute façon on y est toujours déjà sous le regard d'un autre que ce soit pour dormir, pour se divertir, pour prier, pour se laver ou se changer.

Les rythmes de chacun sont d'abord imposés par le travail. Il y a ceux qui partent aux aurores, ceux qui rentrent tard, et ceux qui restent toute la journée parce qu'ils sont au chômage. Au-delà, la manière de passer le temps dans ces chambres se réfère à un habitus collectif qui permet une certaine adaptation à une situation inhabituelle. Bien qu'interdites les visites extérieures sont des plus variées : ceux qu'on a introduits clandestinement pour les dépanner ou partager le coût de la chambre, la famille, les covillageois, les amis qui apportent des nouvelles assurant la continuité des réseaux, un commerçant venu de Kayes ou Bamako propose ses services pour livrer le grain demandé par le chef de famille. Il échangera 250 F contre un morceau de papier, reçu sur lequel est inscrite la somme versée, et la promesse que le grain sera bien remis à qui de droit. Il l'est en général bien qu'à des prix fort élevés. Marabouts, tailleurs, griots, représentants d'organisations africaines soucieux de préserver des liens avec la communauté n'hésitent pas à faire leur tournée.

Réparateurs de télévision, services des P.T.T., assistantes sociales, médecins sont souvent appelés afin d'assurer l'entretien des choses et des personnes. Les alphabétiseurs, les formateurs, les militants d'associations de soutien aux immigrés ou antiracistes sont également des visiteurs réguliers. Il y a enfin le gérant, qui, possesseur d'un passe, peut à tout moment faire irruption dans la chambre pour s'assurer qu'il n'y a pas de clandestin ou permettre à la police d'effectuer l'expulsion des mauvais payeurs ou des trublions. On s'approprie la chambrée par les visites qu'on y reçoit, celles qu'on tente d'interdire. Les couloirs et les cours sont investis par des petits commerçants : cigarettes et kola, épis de maïs grillés et chewing-gum, montres et chapelets se côtoient sur des tables de fortune. Dans ces halls opèrent également le samedi et le dimanche coiffeurs et barbiers.

Des espaces communautaires négociés

Le nombre des pièces attribuées aux activités collectives et utilisées comme telles reflète d'une part le rapport de force que les résidents ont su imposer, d'autre part la vigueur des pratiques de la communauté. Un ou plusieurs réfectoires sont en général prévus par la société gestionnaire. Mais à la différence des foyers regroupant des Portugais ou des Algériens [4], le repas entre hommes n'est pas ressenti comme moment d'humiliation particulièrement violent.

La référence au repas familial, papa, maman et les enfants, n'existe pas. En Afrique, hommes et femmes mangent toujours en des groupes distincts. Ici, les repas pris en commun, et non pas furtivement, concrétiseront de bons rapports entre parents, entre amis. Les règles de commensalité ne seront pas bousculées. On ne mange pas n'importe quoi. Riz, poissons, pommes de terre, poulets sont dans la mesure des possibilités, celles du temps et des denrées disponibles sur le marché, préparés selon les recettes africaines. Le réfectoire est un lieu convivial cependant on peut préférer une chambre pour déguster une bouillie lorsque de retour du pays un frère a ramené du mil.

La mosquée pour la prière du vendredi, la seule que l'on fasse en commun, est l'objet d'âpres négociations, elle est ouverte à tous les musulmans qui le désirent qu'ils résident ou pas au foyer. Tous les foyers n'en possèdent pas.

La salle commune conçue comme salle de loisirs, c'est-à-dire salle de télévision, de jeux a de multiples autres fonctions. Elle sert aux cours d'alphabétisation ou de formation, aux différentes assemblées générales. Ces dernières sont ouvertes à tous les résidents s'il

4. A. Sayad [1980].

s'agit d'un problème concernant la vie du foyer. En période de lutte, d'autres forces sociales y sont convoquées : syndicats, associations, mairies, habitants du quartier. Les résidents peuvent prêter la salle commune pour une réunion d'association villageoise : des résidents de plusieurs foyers sont alors présents. Journées portes ouvertes, projection de films sont autant d'activités pour tenter d'échapper au ghetto. Les fêtes sont sans doute les moments où cet objectif est le mieux atteint. Plaisir d'être quelqu'un de quelque part, plaisir de le montrer, de partager son plaisir. Troupes de danse africaine, de théâtre, orchestres, animent la soirée. De plus, c'est le seul moment où le foyer est complètement ouvert aux femmes.

Elles viennent nombreuses, seules, accompagnées de leur mari, de leurs enfants. Les amis français, peu nombreux, participent également à la fête. A l'inverse, les cuisines sont les lieux les plus discriminants. Aucun noble n'y travaille. Selon l'état d'avancée des conflits qui ne manquent jamais d'avoir lieu à propos de savoir qui fera la cuisine, on y voit soit les anciens captifs, soit les jeunes, soit enfin quelques femmes. Anciens captifs ou jeunes accompliront cette tâche contre le repas gratuit, tel est leur devoir. Au contraire les femmes sont considérées comme cuisinières, il s'agit pour elles d'un métier. Elles achètent la nourriture, la préparent, vendent le repas 8 francs, à charge pour elles de faire des bénéfices. Les hommes se sont ainsi soulagés d'un problème, même s'ils estiment que la qualité a baissé et s'ils se querellent au sujet des femmes choisies ou à choisir.

Somme toute, le foyer africain est un lieu de vie complet. A la différence des foyers algériens ou portugais, l'aspiration principale n'est pas d'en sortir mais bien d'y aménager des solidarités le rendant vivable. Si l'on en cache au village les aspects sordides, on n'hésite pas à mettre en avant les liens qui s'y tissent. La nature de ces liens a déjà une histoire.

Vers le passé ou vers l'avenir

Outre les rapports d'amitié qui sont nombreux et solides, les liens sociaux sont instruits par deux types d'organisations contradictoires et complémentaires : les caisses et les comités de résidents.

Solidarités et contrôle social de la communauté

Dans un premier temps régionales et assurant les solidarités nécessaires à la survie en France : retour des malades, prêts, les caisses, avec l'accroissement du nombre d'immigrés originaires d'un même village (cent par village), vont devenir des caisses villageoises. Le foyer est un lieu propice au renforcement des regroupements villageois. Les multiples formes de solidarité vont masquer les nouvelles dépendances.

Un des enjeux pour chaque groupe villageois va être de disposer de l'attribution d'un maximum de lits. Enjeu éminemment conflictuel, chaque groupe ayant le même objectif. Quatre ou cinq d'un même village en 1970, ils seront souvent plus de trente en 1980 réunis dans un seul foyer.

Les plus anciens et les plus nobles, contre ou avec les gérants, vont accueillir les nouveaux arrivants en leur offrant un lit, sans toujours tenir compte du nombre de lits disponibles. Les jeunes débarquant en terres inconnues sont heureux de se retrouver au sein des leurs, reconnaissants d'avoir un toit. Egalement sous l'impulsion des anciens, des nobles, vont se multiplier les caisses villageoises. Au-delà des solidarités en France, elles vont avoir une double vocation : maintenir des liens avec le village et ce faisant assurer un étroit contrôle social sur la communauté. Caisses pour les démunis du village, caisses pour la construction d'une mosquée, caisses pour payer les amendes imposées par l'Etat, caisses pour les cérémonies, ces nouvelles institutions n'ont de sens qu'au regard du système villageois. Elles implantent le village, ses structures, ses valeurs, en région parisienne [5].

Sur les cent, deux cents absents, le village, les familles se doivent d'avoir un point de vue, de négocier la chose. Des stratégies vont naître, la reproduction même du système villageois est en cause. Ces stratégies vont tout autant peser sur le regroupement des ressortissants d'un même village que bénéficier de ces regroupements.

Cadets devenus aînés de leurs plus jeunes frères, nobles, marabouts, tous convaincus que leur retour est encore lointain, qu'il n'y a pas d'ascension sociale possible pour eux en France, vont avoir à cœur de reconstituer les hiérarchies qui leur permettent malgré tout d'être « quelqu'un », de ne pas se sentir déchus. A cet effet le maintien de liens solides avec le village est fondamental. Le procès migratoire n'a pas encore séparé les travailleurs de leurs moyens de production : la terre. Ils conservent leur place, un champ sur lequel il leur est toujours loisible de revenir travailler. « Même lorsque l'absence se prolonge des liens sont maintenus... Ce n'est pas tant la présence physique qui compte que le maintien de relations de toutes sortes [6]. »

La reproduction, en France, des formes d'autorité et de pouvoir villageois a de quoi rassurer chefs de

5. C.F. J. Condé et P.S. Diagne [1983].
6. J.-L. Amselle [1976].

famille et chefs de village dont le pouvoir est d'autant plus menacé que leur dépendance à l'égard de l'argent envoyé est plus grande.

La stratégie des partisans du maintien de l'ordre villageois en France est d'autant plus active, puissante et contraignante qu'elle s'appuie sur l'idée largement partagée en cette période de restructuration, de modernisation, de licenciements, qu'il n'y a pas d'avenir en France pour les Africains, que le travail en usine se fait de plus en plus rare pour les manœuvres, et que par conséquent il faut penser au retour. Elle a pour effet un repli de la communauté sur elle-même, son refus de se penser autrement que dans et par le village. Elle s'appuie en somme sur une intériorisation par l'immigré de l'image d'étranger que la société d'accueil lui renvoie.

Force de permanence, force contre les changements, unie dans un passé commun, cette force n'est pas exempte de contradictions en son sein. Tous du même village certes mais également tous ouvriers, cette situation commune rend les vieilles inégalités difficiles à supporter. Cependant, tandis qu'elle exerce un certain pouvoir dans le foyer, regroupant pour contrôler, elle est source de conflits avec les autres groupements existant dans le foyer. Ce faisant, elle menace la communauté d'habitation dont elle a pourtant besoin pour négocier son existence présente, pour l'assurer de la manière la moins coûteuse possible.

Les comités de résidents

Tandis que cette tendance, cette dynamique, prend forme, se met en place l'organisation interne de la vie quotidienne collective dans le foyer. Toute une série de facteurs vont l'amener à se transformer. Si le plus âgé était dans les premiers temps le plus à même de se faire respecter, concession à la hiérarchie des clans nobles, la nouveauté et la complexité des problèmes à résoudre vont requérir de nouvelles qualités. On passera du chef de foyer assisté de son conseil au comité de résidents.

La communauté d'habitation est le fruit du hasard des rencontres, des arrivées. Elle est constituée de groupes correspondant chacun à un réseau mais entre ces groupes aucun lien préalable n'existait. La nature des rapports que peuvent entretenir entre eux des Peuls de Goutioube et des Soninké de Gagny est beaucoup moins prégnante que celle qui peut exister entre membres d'une même famille, d'un même village. Les enjeux qui se disputent ne sont pas ceux issus d'un passé commun uniquement mais principalement des enjeux présents qui se jouent au sein de la société française. Même si dans un premier temps la structure de cette communauté s'appuie sur des éléments de référence communs à tous les individus qui la constituent, elle est avant tout une création qui doit répondre à des exigences inédites : celles de la vie quotidienne en France d'ouvriers chargés de famille, en collectivité masculine, « Le foyer des sans-famille ».

Structure improvisée, structure d'adaptation, l'organisation de la communauté d'habitation va connaître des changements à la mesure des tensions, des problèmes, tant externes qu'internes, qu'elle a pour fonction de régler. Par définition, l'habitat en foyer est insupportable non seulement à cause de l'inconfort : exiguïté des chambres, sanitaires douteux, promiscuité, mais aussi parce qu'il est une tentative de tronquer, réduire les identités. Il est accepté parce qu'il n'y a pas d'autre solution et à condition d'être réinterprété. Cette réinterprétation met d'entrée de jeu la communauté en infraction vis-à-vis du règlement. Le règlement s'adresse à des individus isolés, il leur indique le bon comportement, la discipline à suivre. Il ne s'adresse pas à une communauté. Aussi n'est-il pas surprenant que l'organisation autour des caisses villageoises, passéiste certes, mais constituant la communauté, contrevienne immédiatement à l'ordre individuel préconçu. De nombreux conflits avec la société gestionnaire vont surgir, particulièrement avec son représentant sur place : le gérant, souvent choisi parmi les militaires de la colonisation.

Quatre thèmes vont être au cœur de ces conflits qui, de manière récurrente, mobiliseront la communauté d'habitation : les gérants racistes, les règlements, l'augmentation des loyers, la déficience ou l'absence de prestations dues par les sociétés gestionnaires.

Ces affrontements sont avant tout des luttes d'une catégorie sociale particulièrement exploitée, elles ont lieu au cœur de la société française et relèvent plus de la lutte des classes que de conflits spécifiquement africains. La fragile organisation qui reposait sur l'autorité du plus âgé des nobles et ne visait qu'à régler les rapports au sein de la communauté, repas, discipline, va rencontrer des difficultés à mener cette sorte de lutte.

De nouveaux personnages vont s'imposer d'autant plus facilement que certains gérants, anciens militaires coloniaux, tenteront et parfois réussiront une alliance avec le chef de foyer et quelques nobles. L'unité de la communauté d'habitation contre les organismes de gestion ne repose plus sur l'âge et les différenciations sociales à l'œuvre au pays. Chacun et tous se sentent concernés au même titre, celui de résident, par les augmentations de loyer, l'absence d'entretien des locaux, l'interdiction des visites, l'irruption du gérant à toute heure dans les chambres, ses injures, voire même dans certains cas ses violences physiques. Monsieur B faisait toujours ses tournées accompagné de son chien policier ; à plusieurs reprises il l'a lâché sur des résidents, entraînant de graves blessures.

Histoire de grèves

De 1970 à 1974, pas un foyer n'est épargné par les grèves. Le scénario en est toujours à peu de chose près le même : l'IAFRP, l'AFTAM, la Sonacotra annoncent par une note à messieurs les résidents une augmentation de loyer. Dans certains cas, cette dernière est justifiée à l'aide d'arguments du type suivant :

« De 1973 à 1974 le prix du fuel a augmenté de 152 %, celui du gaz de 53 %, celui du blanchissage de 21 %, en conséquence une augmentation moyenne de 25 % par lit permettra à peine de faire face à l'augmentation du coût des fournitures et des services que l'AFTAM supporte actuellement. » Ces énumérations de pourcentages impossibles à mesurer et à contrôler recouvrent parfois des arguments réels, ils sont de peu de poids pour les résidents. Toute augmentation est scandaleuse à leurs yeux tant au regard des conditions de logement qui leur sont offertes que de celui de leur capacité à payer.

Sous l'impulsion de quelques résidents dynamiques le chef de foyer convoque une assemblée générale. Les absents sont peu nombreux. Tous les habitants sont au courant de la menace. La réunion commence par de multiples interventions exposant tour à tour une longue liste de griefs.

« Nous ne sommes l'objet d'aucun respect. »

« Les carreaux cassés de la chambre 28 ne sont pas remplacés depuis plus de trois mois qu'on leur a signalé ! »

« Les douches ne fonctionnent pas, l'eau chaude n'arrive pas. »

« Il n'y a pas assez de W-C. »

« Nos communications téléphoniques sont écoutées, parfois coupées. »

« On ne peut avoir aucun secret dans le foyer. »

« Nous n'avons pas le droit de choisir nos moniteurs d'alphabétisation. Certains n'ont pas le droit de pénétrer dans le foyer, d'autres sont expulsés quand on les découvre. »

« Les peintures ne sont jamais refaites. »

« Le gérant interdit les visites, même de la famille. »

« Le gérant pourchasse tous les visiteurs. »

« Le courrier est mal distribué, des lettres se perdent. »

« Le gérant pénètre dans les chambres quand il veut, il y conduit même la police. »

« Le gérant nous insulte. »

« C'est avec notre argent que les foyers devraient être entretenus, on veut voir les comptes. »

Les griefs exprimés, ceux qui ont été à l'initiative de la réunion proposent une plate-forme revendicative. L'approbation des anciens est sollicitée. La grève du paiement des loyers est décidée pour appuyer l'ensemble des revendications et manifester le refus de toute augmentation dans les conditions du moment. Un comité de résidents est élu. Ceux qui sont estimés comme les plus capables d'organiser la grève sont choisis. Les tâches sont nombreuses : écrire la plateforme, trouver les moyens de la faire taper à la machine, savoir à qui l'envoyer, contacter la municipalité, le comité d'hygiène et de sécurité. Le sentiment de faiblesse et d'isolement étant très fort, on réfléchit à tous les soutiens possibles. Certains sont connus dans tous les foyers : les autres foyers africains de la région, les moniteurs, le PSU, certaines sections syndicales, les associations africaines, Solidarité des Travailleurs Maliens (STMF), l'Union Générale des Travailleurs Sénégalais en France (UGTSF), la FETRANI, l'Association culturelle des travailleurs africains en France, l'ASTI, le GISTI, différentes organisations d'extrême gauche selon leur implantation, l'UCFML, Révolution, Ligne Rouge, des architectes, des avocats.

La conduite d'une grève n'est pas chose aisée.

« Nous apprenons la lutte des classes en France. La lutte contre un patron comme la Sonacotra nous en apprend plus et plus vite qu'une lutte contre Chausson. Pourquoi ? D'abord, parce qu'il s'agit de notre dignité immédiate. On tolère à la rigueur d'être bête à l'usine mais pas chez soi. Il nous faut d'abord gagner ça pour avoir quelque chance d'égalité avec les travailleurs français. Ensuite, au foyer, chaque immigré peut prendre tout de suite des responsabilités. »

A l'usine, l'immigré, quand il n'est pas ignoré, est effectivement pris en charge par les syndicats, sauf lors de luttes concernant strictement les immigrés. Au foyer, chacun a le sentiment d'avoir la possibilité d'être actif ou, plus exactement, certains, qui dans les caisses n'avaient pas la parole, trouvent alors une occasion de se faire entendre. Mais là encore les paroles ne sont pas équivalentes. Savoir parler le français, mieux, le lire et l'écrire, connaître un certain nombre des rouages de la société française sont les nouvelles conditions pour être écouté, reconnu.

Mobiliser, unifier autour de quelques propositions de cent à six cents personnes alors que des menaces d'expulsion sont brandies est tout un art. Il faut tenir tout le monde informé, et ce par voie orale, traduire l'état de la situation à tout moment dans toutes les langues utilisées dans les foyers : bambara, soninké, peul. Il faut avoir du temps, être disponible, courageux, tenace car l'adversaire ne lâche pas facilement. Son premier souci est de faire savoir qu'en aucun cas il ne reconnaîtra le comité de résidents, il ne connaît que des individus ; puis viennent les menaces, enfin leur exécution. La société suspend le paiement des factures de gaz, d'eau, d'électricité. L'EDF et la Compagnie générale des eaux se chargent d'en tirer les conséquences.

Du jour au lendemain, le foyer est privé d'électricité, de chauffage quelle que soit la température extérieure, même s'il gèle à pierre fendre. De nombreux « accidents » ont été dus à l'utilisation de moyens de fortune, brasero, charbon de bois brûlé dans des cuvettes, pour résister à des nuits glacées. Les délégués sont dénoncés à la police sous prétexte de trouble à l'ordre public. Certains sont expulsés. Enfin c'est le long cortège des procès. La grève dure six mois, un an, deux ans.

Parfois les résidents sont victorieux : le gérant est renvoyé, le règlement assoupli, l'augmentation reportée. Parfois les résidents perdent et il leur faut tout d'un coup payer les retards accumulés. Ils ne sont pas encore suffisamment organisés pour avoir consigné le montant des loyers auprès d'un huissier, pas suffisamment riches pour avoir épargné les sommes dues. Rarement le comité de résidents est reconnu par la société gestionnaire. C'est là un point essentiel sur lequel en général aucune société n'entend céder. Au sein de la communauté les choses ont changé. Le chef de foyer lorsqu'il est toujours en place doit pour le moins composer avec le comité de résidents, quels que soient l'origine sociale ou l'âge de ses membres : « Ces gens compétents, qui savent se battre, savent le français et n'ont pas peur », comme les définissait le vieux Kamara, ancien chef de foyer. Ils ont donné de leur personne, ils ont ouvert le foyer, ils ont permis que Soninké, Peuls, Maliens, Sénégalais, Mauritaniens, marchent ensemble. Plus, ils ont ouvert une brèche dans la reproduction étouffante des hiérarchies sociales. Dans la lutte, le fait d'être descendant de captif s'effaçait devant le fait d'avoir défendu la communauté. Les sources du prestige pouvaient changer. Dans le comité de résidents il y avait tout aussi bien des descendants de captifs, des cordonniers que des nobles. Les premiers refus des descendants de captifs de faire la cuisine sont, il faut le signaler, concomitants aux grèves.

Les patriarches sentirent le danger. Ils déplacèrent le conflit sur un terrain plus solide, moins contestable au regard de la situation en France. L'esclavage n'avait plus cours, reconnurent-ils, tout le monde était égal en tant qu'ouvrier, mais cela ne devait pas empêcher les jeunes de respecter les anciens, l'islam faisait de ce respect une vertu, à cela on ne pouvait toucher. En conséquence, tous les jeunes, quelle que soit leur origine, feraient à tour de rôle la cuisine. D'une manière générale ils consentirent à laisser les « jeunes leaders » prendre la tête des affaires de France et se replièrent sur les caisses qui leur permettaient au moins de perpétuer leur contrôle sur la communauté villageoise. Par voie de conséquence, les nouveaux conflits internes aux communautés villageoises en France prendront désormais la forme de conflits entre « jeunes » et « vieux ». Cette opposition ne recouvrant pas seulement des différences d'âges comme nous le verrons plus loin.

Les « jeunes » circulaient de foyer en foyer. Entre comités de résidents les discussions étaient sans fin. On se racontait ce qui avait marché, ce qui avait échoué. On apprenait à connaître les partenaires sur lesquels on pouvait compter, ceux qui vous faisaient faux bond. La lutte des « Sonacotra » allait commencer.

Le Comité de coordination : Sonacotra vaincra

En janvier 1975 la grève démarre au foyer Romain-Rolland de Saint-Denis. Foyer à majorité algérienne, il comprend quatre-vingts Maliens et cinquante Sénégalais. Le comité de résidents, composé de ressortissants de plusieurs nationalités, est très actif. Le passé syndical de certains dirigeants n'est pas sans effet sur la manière dont ils entendent diriger la grève. Ils élaborent une plate-forme qui servira de base à l'ensemble du mouvement, elle insiste particulièrement sur la reconnaissance des délégués et le droit de visite. En septembre 1975, les tarifs de l'ensemble des loyers des foyers Sonacotra sont augmentés. La grève s'étend. Novembre 1975, plusieurs comités de résidents se rencontrent et décident de créer « le Comité de Coordination des foyers en lutte ». Une plate-forme commune est élaborée :

Plate-forme revendicative

« L'ensemble des foyers SONACOTRA, ADEF, AFRP, en coordination prennent des décisions communes sur chaque point.

Le Comité de coordination est indépendant de tout parti politique et de toute organisation syndicale.

Le Comité rejette toute négociation foyer par foyer avec la Sonacotra.

Le Comité de coordination rejette toute responsabilité sur le retard dans le paiement des loyers, étant donné que c'est la Sonacotra qui retarde les négociations.

Le Comité réclame le retour immédiat des deux camarades expulsés qui sont toujours dans leur pays d'origine, et l'arrêt immédiat de toute procédure judiciaire contre les délégués et les résidents.

NOUS RÉCLAMONS

1. La reconnaissance par écrit du Comité de Coordination et des Comités de résidents de chaque foyer.

2. Pour tous les foyers SONACOTRA, ADEF, AFRP : que le tarif actuel soit réduit de 100 F et bloqué.

3. Le changement du règlement intérieur et la reconnaissance par la Sonacotra et tous les organismes gestionnaires, et par écrit, des points suivants :

— droit de visite 24 heures sur 24, sans différence de sexe ;
— droit de réunion et libre expression ;
— droit de passer des films avec débats libres et autres activités culturelles ;
— droit à un tableau d'affichage libre à la disposition des locataires ;
— interdiction pour tout individu de pénétrer dans les chambres sans l'accord ou la présence du locataire ou du comité en cas de problème grave ;
— pas d'expulsions de locataires sans l'accord du comité de résidents ;
— affichage des chambres vides et attribution au premier demandeur et non à la tête du client ;
— assimilation du statut de résident à celui de locataire ou reconnaissance du statut de locataire ;
— changement de tous les anciens gérants et remplacement par des concierges ;
— le budget d'animation doit être porté à la connaissance des résidents par affichage et géré avec la collaboration du comité de résidents ;
— les bénéfices du bar doivent être intégrés dans le budget d'animation ;
— les propres revendications de chaque foyer.

CETTE PLATE-FORME REVENDICATIVE
EST APPROUVÉE A L'UNANIMITÉ. »

Cette lutte, qui durera cinq ans, va avoir des répercussions profondes sur les communautés de foyer et plus particulièrement sur les communautés regroupant des Africains dans la mesure où, plus que d'autres, en raison des stratégies des patriarches au village, ils maintiendront leur préoccupation de s'approprier les lieux en faisant vivre la communauté.

Le mouvement va aller en s'amplifiant : 50 foyers en grève en 1976, 120 en 1978. Les foyers ADEF, AFRP, AFTAM, ainsi que les cités LOGIREP rejoignent le comité de coordination qui devient le Comité de coordination des foyers en lutte. Cette extension spectaculaire du mouvement et sa structuration au niveau de la France tout entière est due pour une part à la situation commune faite à tous les résidents, pour l'autre à la reconnaissance par les intéressés de la représentativité du Comité de coordination. Les représentants des foyers en lutte ne négligeront aucun effort : week-ends, soirées, congés sans soldes seront dédiés aux activités du Comité. Certains s'y useront, tous s'y formeront. A l'appel des comités de Strasbourg, Dijon, Nancy, Marseille, Metz, Dunkerque, Colmar, ils se rendront aux quatre coins de la France. Sillonner les routes qui mènent de foyer en foyer est un moyen comme un autre d'apprendre la géographie, de connaître la France. L'importance quantitative de cette force naissante, sa structuration, son unité sont des facteurs primordiaux si elle veut se faire entendre. Le Comité de coordination y attachera une attention extrême. Gérer la coexistence dans une même lutte de vingt-quatre nationalités n'allait pas de soi.

Elections des Comités de Résidents ou des Comités de grève, désignation en assemblée générale des représentants à la Coordination, convocation des réunions, fixation des ordres du jour, donneront lieu à des discussions, pas toujours exemptes de partis pris, toujours exigeantes et animées, justifiées. La direction de la lutte est fermement revendiquée par le Comité de coordination. Il ne s'interdit pas pour autant de rechercher des alliances. Du côté des partis de gauche, le PCF se refuse jusqu'à la fin du conflit à reconnaître le Comité de coordination. Il est pour des négociations foyer par foyer, suivi, sur ce point, par l'Amicale des Algériens. Chaque fois qu'il le peut, et notamment dans les foyers dont le Comité de résidents est dirigé par un ou plusieurs membres de la CGT, il encourage les négociations directes avec la Sonacotra. Le PS ne prendra une position officielle que très tard. Certaines de ses sections locales se prononceront pour la reconnaissance du Comité de coordination, voire même fourniront quelques soutiens logistiques, sans s'aventurer plus avant dans le conflit. Ce n'est qu'en juin 1979 que François Mitterrand, lors de l'expulsion des résidents de Garges, assurera de « la solidarité du Parti socialiste avec les immigrés qui apportent leur travail dans notre pays ». Le premier secrétaire du PS reconnaît alors « qu'un Comité est une bonne chose » et que « chaque foyer a intérêt à s'associer dans un Comité de coordination général[7] ».

Les syndicats : CGT, CFDT, et FO, au niveau national, prendront des positions contre la répression : expulsion de dirigeants vers leur pays d'origine, retraits sur salaires, fermetures des foyers, mais ils ne reconnaîtront pas le Comité. A plusieurs reprises, ils tenteront de négocier en lieu et place de ce dernier avec les organismes gestionnaires. Notamment, en mars 1977, les trois syndicats négocient ensemble avec la Sonacotra.

---

7. Extrait du discours fait par F. Mitterrand devant le foyer de Garges dont les résidents ont été expulsés pour fermeture sous prétexte de sous-occupation : 242 résidents pour 308 chambres et... 242 grévistes.... 22 juin 1979.

Côté gouvernement, on multiplie les lois concernant les immigrés. Durant la seule année 1979 quatre lois verront le jour : la loi Bonnct-Barre concernant le séjour, la loi Stoleru concernant le séjour et le travail, la loi Boulin concernant l'aide au retour, enfin la loi Delmon concernant les foyers.

Cependant, malgré les attaques ou l'indifférence des principales forces politiques, le mouvement n'est pas isolé. En l'absence des forces institutionnelles, le Comité de coordination crée des comités de soutien. Ces comités sont ouverts à tous ceux qui sont d'accord avec la plate-forme et reconnaissent le Comité de coordination. Localement des sections syndicales les rejoindront. Ces comités ont pour rôle de faire connaître les différentes étapes de la lutte à la population des quartiers environnant les foyers mais également à une population plus vaste par le biais de la presse ou d'intervention dans des lieux publics : facultés, gares. Ils ont également pour but d'étendre le soutien politique et financier, d'aider à la préparation des meetings et des manifestations. Après l'expulsion de France de dix-huit délégués de huit foyers, le 7 et le 16 avril 1976, un Comité de vigilance sera créé regroupant des personnalités et des associations : Sartre et Simone de Beauvoir, Michel Foucault, le Syndicat de la magistrature et le Syndicat des Avocats de France en feront partie. Conférences de presse, dossiers de presse font régulièrement le point sur l'évolution du mouvement. Chaque temps fort de la lutte sera largement répercuté. Pratiquement tous les journaux, la radio et dans une moindre mesure la télévision se sentiront tenus de suivre le conflit et ce durant cinq ans.

Trois meetings centraux sont organisés à la Mutualité, à Paris, en février 1975, en octobre 76, en avril 77. De nombreux meetings se tiendront également en banlieue et en province. Chaque fois les résidents se déplacent en masse, des cars sont loués témoignant du degré d'organisation et de mobilisation du mouvement. Chaque procès, et ils seront nombreux, à titre d'exemple de juillet à octobre 1978 la Sonacotra a engagé cinquante-trois procédures contre des résidents, est l'occasion d'une manifestation locale. Par ailleurs, le Comité de coordination appellera à cinq grandes manifestations, notamment celle d'avril 1976 à Barbès qui rassemblera plus de 20 000 personnes.

Cette manifestation marque une étape dans l'histoire de l'immigration. Au-delà des revendications inscrites dans la plate-forme, elle met en avant la question de l'égalité des droits, y compris des droits politiques. A toute ouverture du foyer sur l'extérieur correspond une demande de droit.

Sections syndicales, organisations d'extrême gauche (OCT, OCML, OCFML, PCML, PCRML, UCFML) MRAP, ASTI, FASTI, Croix-Rouge, Cedetim, CIMADE, LDH, à un moment ou à un autre participeront à ces activités.

Enfin la nature des problèmes à résoudre étant complexe et variée, le Comité saura susciter l'intérêt et le concours de multiples « experts » :

— architectes, assistantes sociales, membres de commissions d'hygiène, étudieront les normes de construction en vigueur et les compareront à l'état des lieux : cloisons de 5 mm, isolations thermique et phonique insuffisantes, conditions d'hygiène et de salubrité non respectées ;
— gestionnaires et comptables aideront à vérifier si les subventions en provenance notamment du FAS (Fonds d'Action Sociale), dont les fonds viennent entre autres des cotisations des immigrés, sont utilisées pour l'entretien des foyers. Leurs recherches étaieront le dossier sur lequel les résidents

s'appuieront pour demander un droit de regard sur les comptes, sur les frais engagés ou prétendus tels par la société de gestion ;

— avocats et juristes défendent les résidents poursuivis en justice et expliquent les procédures judiciaires à engager de manière à retourner en quelque sorte la situation. Certains procès seront ainsi intentés contre les sociétés de gestion. Expulsion de France, expulsion des foyers, saisies-arrêts sur salaire, demande de désignation d'un séquestre, expertises, tribunaux d'instance, de grande instance, chambre d'accusation, tribunaux administratifs, Conseil d'Etat, Cour de cassation, de 1978 à 1979, plus de 200 arrêts de justice seront rendus. Peu de citoyens français ont une telle pratique, une telle connaissance de la justice et des procédures dont elle dispose.

Ainsi, par la force des luttes, les immigrés se sont constitués en force politique. C'est ce qu'on va leur contester catégoriquement en refusant de les reconnaître jusqu'au dernier moment et en se servant des moyens les plus divers, tentatives d'achat d'individus, tentatives de division jusqu'à l'utilisation pure et simple de la violence.

Les négociations seront extrêmement rares et aboutiront toutes à des échecs en raison du refus systématique de reconnaissance du Comité de coordination. De décembre 1975 à mars 1976, trois rencontres ont lieu entre le Comité de coordination et la Sonacotra. Cette dernière semble seulement vouloir gagner du temps en faisant des propositions ne tenant aucun compte de la plate-forme revendicative. En aucun cas, elle n'entend reconnaître le Comité comme interlocuteur. Elle tente à plusieurs reprises de négocier foyer par foyer. Elle obtient des succès partiels et temporaires d'autant plus qu'elle ne respecte même pas les protocoles signés. A la demande du gouvernement, en janvier 1979, ont lieu d'ultimes rencontres. Elles n'aboutissent pas. La Sonacotra a durci sa position et préfère les expulsions individuelles, voire même les fermetures de foyers (plus de 500 résidents seront expulsés des foyers).

A cette violence le Comité ne résiste pas.

Cependant ces cinq années de luttes ont largement contribué à l'appropriation par les résidents de leurs espaces de vie. Quelques gérants trop ouvertement racistes sont renvoyés, les règlements sont assouplis, les comités de résidents souvent reconnus comme interlocuteurs par les sociétés gestionnaires, toujours reconnus par les habitants des foyers.

Lutte de classe avant d'être une lutte d'immigrés, cette lutte a largement contribué à l'intégration de ces derniers dans la société française. Reliés entre eux, ouverts sur l'extérieur autant que la société française le permettait, organisés à l'intérieur, les foyers-prisons sont devenus des lieux politiques d'un moment, des lieux où ils ont appris qu'ils étaient une force sociale pour longtemps, que la condition pour être quelqu'un passait par l'unité de tous dans la lutte pour des conditions de vie décentes.

Au fil des jours, au fil des luttes, dans les foyers, territoires aux frontières précises, se sont ainsi développés deux processus contradictoires bien que souvent complémentaires. D'un côté le renforcement des groupes villageois, de l'autre la structuration de la communauté d'habitation.

Les caisses, constituées sur la base d'une origine commune, vont avoir comme objectifs de reproduire au plus près le système auprès duquel elles puisent leurs références. Rétrogrades, elles veilleront à ce que le séjour en France n'ait d'autre sens que de permettre le maintien de la famille, de la communauté villageoise telles qu'elles sont au village.

A l'opposé, la communauté d'habitation doit prendre en compte la situation présente. Elle doit gérer à l'intérieur du foyer les compétitions entre les individus, entre les groupes. Elle va s'appuyer sur la menace du dehors pour organiser sa défense et ses alliances, mais aussi pour affirmer son unité, sa cohésion et ses traits distinctfs. Deux stratégies s'affrontent : l'une pense au retour, l'autre à l'avenir. Toutes deux ont recours à l'argent.

CHAPITRE VI

LE SENS DE L'ARGENT

> « Chacun trouve aujourd'hui, en naissant, l'économie capitaliste établie comme un immense cosmos, un habitacle dans lequel il doit vivre et auquel il ne peut rien changer, du moins en tant qu'individu »
>
> M. WEBER, *L'Ethique protestante et l'esprit du capitalisme.*

La société soninké est fondée sur l'agriculture familiale. Cependant sa situation d'intermédiaire entre le Sahel et la forêt lui a permis de jouer un rôle commercial important et de pourvoir ainsi à certains biens qui lui manquaient, notamment le sel. Pratiquement jusqu'à la période coloniale le commerce se faisait par la technique du troc. Pollet et Winter signalent l'usage des cauris sur certains marchés de la région à la fin du XIXe siècle [1]. L'absence de monnaie ne signifie pas une incompatibilité structurelle, mais simplement que « le besoin ne s'en faisait pas sentir étant donné d'une part la médiocre diversité des produits locaux qui alimentaient la circulation des marchandises,

1. E. POLLET, G. WINTER [1971].

d'autre part la distribution assurée de façon suffisante par le trafic intensif des dyula[2] (commerçants) ».

De la même manière, de l'introduction de la monnaie on ne peut conclure à la dissolution des communautés domestiques. Depuis la domination coloniale, l'économie locale réduite presque totalement à la sphère d'autosubsistance, la société soninké a dû et a su assimiler l'argent sans modifier fondamentalement les rapports sociaux, la hiérarchie des valeurs.

L'abolition de l'esclavage et la concurrence faite aux commerçants indigènes par les Français (*cf.* chapitre premier) réduisirent fortement les excédents que l'économie était jusqu'alors capable de produire. En l'absence d'autres perspectives, l'ancien équilibre compromis, le système ne pouvait désormais se maintenir que moyennant injection d'argent gagné à l'extérieur.

Les jeunes Soninké, paysans pour la plupart, opteront massivement pour le navetanat. L'émigration et son argent devenaient une composante indispensable à la reproduction de la société. Mais, signe remarquable de leur capacité à s'adapter à une situation nouvelle, les rapports de parenté, l'organisation sociale et politique n'en furent pas bouleversés.

Sans doute chaque village, chaque famille étaient-ils entrés dans le cycle irréversible de la monétarisation analysé par C. Meillassoux dans *Femmes, greniers et capitaux.* Ici, en l'occurrence, les navetanes paysans au Sénégal sont devenus prolétaires en France, leur nombre s'est accru en même temps que les demandes du village et des familles, le temps de l'absence s'est prolongé. Et tous constatent :

« La famille, c'est comme un puits sans fond, plus on envoie d'argent, plus il en faut. »

---

2. E. Pollet, G. Winter [1971].

Pourtant depuis plus de cinquante ans ils ont fait face et le système de plus en plus menacé perdure. L'argent, élément nouveau, perturbateur, nécessaire, ne pouvant être obtenu que par le salariat, c'est-à-dire des individus, on ne s'étonnera pas que la maîtrise de sa circulation, de son utilisation soit un enjeu fondamental, et l'objet d'affrontements.

La constitution de « caisses » organisant, contrôlant les dépenses dès le navetanat, leur multiplication en France, aujourd'hui, les associations de transformations villageoises, ne sont pas le fruit du hasard mais bien autant de signes de l'importance de cet enjeu.

Salaire et budget de l'immigré

Tandis que le village s'allie avec la famille pour multiplier les demandes d'argent, les salaires des fils, caristes, éboueurs, manœuvres, balayeurs, blanchisseurs, ne s'éloignent guère du S.M.I.G., même après plusieurs années en France. Les luttes menées dans les années 70, dont le P1 pour tous, n'ont pas considérablement amélioré la situation de chacun. Le « système de travail migratoire [3] » ne comprend pas la carrière. La crise se manifeste par un chômage touchant plus particulièrement les immigrés. Et pourtant, quand on est en France il faut économiser pour le village, la famille, épargner pour l'avenir.

La gestion de leur salaire par les travailleurs africains relève en apparence du miracle, comme si entre les mains des pauvres l'argent possédait une vertu extensive dont ils auraient le secret. Sur une paie calculée au plus juste au regard de leur reproduction

3. A. Cordeiro et C. Quiminal [1987].

en France, ils assurent leur vie quotidienne, sans pouvoir compter sur les économies procurées habituellement par le travail domestique des femmes, ils contribuent à l'entretien d'une large famille restée au pays ainsi qu'aux charges du village, enfin ils épargnent. De fait, une telle gestion n'est possible qu'au prix de nombreuses privations, dont l'absence de leur famille n'est pas des moindres, mais aussi grâce aux multiples réseaux de solidarité dans lesquels ils sont impliqués. L'argent n'est que le signe de relations. En jouant sur la multiplicité de ces relations et de leurs significations, chacun pourra faire face momentanément, c'est-à-dire au moment où il le faut, à ses obligations.

D'un côté, la rigidité des dépenses fixes imposées par la société d'accueil (loyer, consommation) est adoucie par un mode spécifique d'utilisation de l'argent au sein des communautés ; de l'autre, la souplesse des dépenses (dettes, prêts, obligations) tient à la nature des rapports sociaux dont elles sont issues : dépendance, amitié, solidarité.

De l'argent que l'on emprunte à un frère ne découlent pas les mêmes exigences que de celui que l'on emprunte à une banque. C'est par le biais des différents liens sociaux, famille, amitié, caisses, comités de résidents, que l'argent acquiert une certaine élasticité : les différentes dépenses peuvent être réparties dans le temps en fonction de la situation financière de chacun. Pourtant la monétarisation de ces liens sociaux n'est pas sans effet sur ces mêmes liens.

Suivre la circulation de l'argent au sein des différentes communautés à laquelle appartient l'immigré (foyer, caisses, associations villageoises, village, famille) est une manière d'éclairer comment ces communautés coexistent dans une certaine complémentarité, comment elles permettent à l'individu de faire face à ses obligations tout en en induisant de nouvelles. Comment les rapports sociaux capitalistes peu favorables aux immigrés sont aménagés grâce au maintien ou à l'invention d'autres rapports.

Nous l'avons vu, le comité de résidents a pour vocation la négociation de l'existence en France des immigrés. Il est une organisation souple qui doit tenir compte à la fois des conditions de vie en France et des origines fort diverses des habitants du foyer. Il organise l'économie des dépenses, l'économie des signes monétaires.

Economie des signes monétaires et dignité

Le travailleur étranger doit assurer sa subsistance en France. Le comité de résidents a pour rôle de permettre à chaque individu de la communauté du foyer de vivre son présent dans les moins mauvaises conditions possibles. Pour mener à bien cette tâche tant économique que morale, il ne peut négliger ni le passé de cette communauté (ses origines, le milieu historique où elle s'est formée), ni dans la mesure du possible ses aspirations pour le futur, ni ses obligations ni ses espoirs. C'est en cela d'ailleurs que le modus vivendi qu'il va faire respecter, même s'il ne prend pas la forme écrite d'un contre-règlement, s'oppose toujours au règlement de l'organisme de gestion.

Le comité de résidents est l'émanation d'une demande : l'aménagement de la vie en France au meilleur marché possible dans la dignité. Dignité et économies bien que difficilement conciliables sont indissociables : pour l'ouvrier expatrié, vivre dignement, c'est ne pas avoir honte de soi et espérer. Pour ne pas avoir honte de soi, il faut être respectable en France, pour le moins être habillé correctement, être respecté au village, c'est-à-dire répondre aux demandes d'argent. Pour espérer, il faut encore un peu d'argent.

Les données, la situation dans laquelle se trouve l'immigré n'est pas des plus favorables pour satisfaire ces besoins. Le principal atout avec lequel il puisse compter c'est la collectivité. Isolé, le travailleur immigré est dans la majorité des cas misérable. Seul l'engagement dans la vie de la communauté peut lui faire espérer un peu de bien-être matériel et moral dans la mesure où elle lui permet de satisfaire au mieux anciens et nouveaux besoins. Car s'il est vrai que les « origines de la classe salariée dans chaque pays, le milieu historique où elle s'est formée continuent longtemps à exercer la plus grande influence sur les habitudes, les exigences et par contrecoup les besoins qu'elle apporte dans la vie [4] », il n'en est pas moins vrai que les normes de consommation produites par la société du même nom deviennent rapidement des besoins. Le comité de résidents a pour mission de permettre, dans la mesure du possible, la satisfaction de l'ensemble de ces besoins par leur gestion collective.

Face à l'extérieur, il exprime la constitution d'un rapport de force. La première économie en signes monétaires va porter sur le poste qui grève le plus chaque budget : le loyer. Le comité s'oppose à des augmentations trop brutales, trop importantes, souvent non justifiées. Une comparaison entre foyer ayant un comité et foyer n'en possédant pas est à cet égard éloquente. Le montant des loyers pour une chambre de deux personnes est de 1 200 F au foyer des Arbustes [5], foyer qui n'a pas de comité de résidents, il n'est que de 1 000 F au foyer Lorraine. A plusieurs reprises les comités ont fait la demande de gérer

4. K. Marx, *le Capital*.
5. Le foyer des Arbustes abrite des résidents maghrébins et africains noirs.

entièrement les foyers : fonds et loyers. Ils estiment qu'ils pourraient à moindres frais pour les habitants offrir des chambres moins chères et mieux entretenues. Cette demande n'a jamais été acceptée. Dans certains foyers l'idée est même débattue d'acheter des immeubles. Le problème qui n'est pas résolu est à qui appartiendraient-ils en fin de course ?

Le montant du loyer, déterminé à l'extérieur, est sans doute la dépense la moins compressible, celle que l'on ne peut négocier que par la force ; y faire face est obligatoire. Celui qui ne peut pas a recours à des emprunts auprès d'un frère, d'un ami, sous peine d'être expulsé. Les sommes sont trop importantes pour qu'une telle situation puisse durer très longtemps ou que le comité de résidents la prenne en charge.

Consommateur collectif

En ce qui concerne la consommation proprement dite, les économies de signes monétaires ont deux origines. L'une est la restriction : on se passe d'un certain nombre de biens, voire on n'y a pas droit. L'introduction de meubles personnels est interdite en foyer.

Plus intéressante est la constitution d'un consommateur collectif : la nourriture est achetée au prix de gros, souvent à Rungis ou dans des circuits parallèles (produits importés d'Afrique — poissons séchés — condiments, etc.), on achète des bêtes entières, les bouchers africains les débitant. Frigidaires, magnétoscopes, gazinières, télévisions, machines à laver, dont la propriété témoigne ordinairement de la réussite du salarié, perdent leur caractère de biens personnels, pour devenir des objets à usage collectif : une cotisation de 150 F permet d'acheter un Frigidaire pour dix personnes, avec 200 F on peut bénéficier durant plusieurs années d'une télévision dans la chambrée de dix-huit personnes.

Si le Comité est actif, l'achat de certains de ces objets peut être pris en charge par la Société gérante sur les fonds destinés aux loisirs ou à l'amélioration des conditions de vie (en principe 700 F par an par personne). Pour avoir perdu leur caractère de biens individuels, ils appartiennent à la chambre, à l'étage, ils n'en ont pas pour autant perdu de leur commodité. Accès à un certain confort de la vie moderne, ils représentent également un peu de dignité.

L'anecdote suivante en est la preuve a contrario : la scène se passait sur le marché de Boulogne-Billancourt. Des résidents distribuaient un tract dans lequel ils expliquaient la grève qu'ils menaient dans leur foyer contre l'augmentation des loyers mais également pour disposer d'un Frigidaire par étage. Une vieille dame, tout à fait digne, était scandalisée. Elle lisait et commentait — contre l'augmentation elle comprenait, mais qu'ils demandent un Frigidaire, là vraiment ils exagéraient. « Eux qui n'ont même pas l'électricité chez eux, ils réclament maintenant des frigidaires ! Pour qui se prennent-ils ? Il y a quand même des limites ! Moi... » Si ces objets facilitent la vie quotidienne, ils donnent aussi l'impression qu'on n'est pas complètement exclu de la société de consommation. La laverie automatique récemment installée au Foyer Pinel atténue, moyennant des frais limités, la nostalgie d'une prise en charge par les femmes de l'entretien des vêtements. Le recours aux services est réduit au minimum. Aller au restaurant est exceptionnel. Cordonniers, coiffeurs, tailleurs opèrent sur place à des prix d'amis que l'on peut négocier. Les rythmes de circulation de l'argent entre membres de la communauté dépendent du rapport entre les besoins en liquidité des uns et les possibilités de paiement des autres.

Les loisirs eux aussi sont collectivisés. Les habitants des foyers vont rarement au cinéma, ils le font venir à eux ; les films sont loués et projetés au foyer. Ils regardent la télévision, de préférence les émissions concernant l'Afrique ou le sport. Les discussions à leur propos sont vives. L'image qui leur est renvoyée de l'Afrique, terre de la faim, de l'analphabétisme, de la sécheresse, du retard, du sous-développement les interpelle vivement et différemment. Tous se demandent comment participer au « développement » du pays.

Le samedi et le dimanche, ils se rendent visite, se réunissent autour d'un bon repas, c'est-à-dire un repas africain dont la préparation demande du temps. Régulièrement des fêtes sont organisées : fête du mouton — fête des jeunes — fête porte ouverte — musiciens, orchestres, danseuses, chanteurs et chanteuses, griots, tous africains, les animent. Ils sont rémunérés d'une part grâce à des cotisations exceptionnelles, d'autre part lors du déroulement de la fête par des individus qui désirent montrer combien ils apprécient le batteur, le griot, la chanteuse ou la danseuse. Ils affirment ainsi un désir commun de voir se perpétuer la culture africaine. L'Histoire commune et des uns et des autres, leurs Histoires différentes.

Au total, ces loisirs collectifs ont le double avantage de ne pas coûter cher et d'être des moments forts d'affirmation identitaire ou d'ouverture sur des cultures diverses. Un temps relativement important est occupé à la gestion de cette vie en commun qui ne manque pas de susciter des conflits à l'intérieur et avec l'extérieur ; la police surveille étroitement le foyer : doit-on continuer à laisser les bouchers opérer dans la cour, ce qui est strictement interdit ? les vieux sont pour, ils ne veulent pas manger de la viande « congelée » — les jeunes, dont beaucoup sont sans papiers, sont contre.

Que faire face aux coupures d'électricité provoquées par le gérant qui ne paie plus l'EDF parce qu'il veut empêcher une trop grande consommation d'énergie ? Doit-on attribuer une salle à la prière du vendredi ? Les gens de l'extérieur auront-ils le droit d'y venir ? La cuisinière sera-t-elle la femme du frère d'Hamedy ou la cousine de Semba ? Qui s'occupera des poubelles ? A quoi utiliser l'argent de la caisse ? etc.

Ce temps richement occupé a pour conséquence un faible recours aux objets de consommation « de luxe » non nécessaires comme compensation. Les achats individuels se limitent aux vêtements européens, une montre, un poste de radio. Appareils de photos, chaînes hi-fi, outils de bricolage et autres attributs de l'homme moderne ne sont que rarement objets de convoitise ou de frustration. L'achat de lunettes de soleil, chapeau et chaussures vernies lors d'un retour a connu une très nette régression. Les voitures, peu nombreuses, achetées après plusieurs années en France sont toujours d'occasion. Au crédit on préfère nettement l'emprunt à un ami.

Tous comptes faits, grâce à cette réduction des dépenses quotidiennes, à leur étalement toujours possible dans le temps, l'immigré vit en France avec un peu plus d'un tiers de son salaire : 600 à 1 000 F de loyer — 600 F de nourriture — 300 F de transports — 300 F de loisirs et achats personnels [6].

Négociation du prix du loyer à l'extérieur, constitution d'un consommateur collectif à l'intérieur, caisses de solidarité, transfert interne de l'argent d'un résident à l'autre, respect des associations villageoises, la communauté de foyer, par le biais du comité de

6. Il s'agit là d'un calcul approximatif. La variation la plus grande portant sur les loyers qui vont de 400 F pour une chambre de dix-huit personnes à 1 600 F pour une chambre individuelle, *cf.* Diop A.M. [1987].

résidents, permet à chacun de se reproduire au moindre coût dans le respect de soi. Les économies de signes monétaires quantitatives ou temporaires ainsi réalisées vont se répartir en fonction de deux exigences, celles du village et de la famille, celle de l'avenir. L'argent de la dépendance d'un côté : envoi au village ; l'argent de l'autonomie de l'autre : l'épargne de précaution. Organe d'intégration à la société française, le Comité de coordination permet aux fils d'honorer leur devoir, d'assurer le maintien de leur place dans la famille, au pays.

Les envois d'argent

Tout immigré se souvient de sa première paie. Son comportement par rapport au salaire ne varie guère au fil du temps si ce n'est dans le sens d'une accentuation de la conscience de ses responsabilités que l'argent lui confère à l'endroit de ses proches.

— J'avais moins de dix-huit ans, j'avais fait deux voyages, une station à Arenc, j'avais attendu quatre mois avant de trouver du travail, le jour de ma première paie je devais beaucoup d'argent, pourtant je l'attendais avec impatience. Je suis monté au bureau, on m'a remis une enveloppe, elle était grosse, je n'avais pas de compte en banque, je ne savais pas ce qu'il fallait faire. J'avais envie de l'ouvrir pour compter si tout y était, car j'avais entendu certains raconter comment on leur avait volé de l'argent, mais d'un autre côté j'avais honte de vérifier... J'ai ouvert, j'ai compté mais je ne savais pas lire une feuille de paie... alors j'ai dit merci. Je suis parti.

— Tu te sentais riche ?

— Non, pas du tout. Je devais tellement d'argent,

mais j'étais stupéfait d'avoir gagné tout ça par mon travail.

— Qu'en as-tu fait ? As-tu été t'acheter quelque chose dont tu avais spécialement envie ? (question de toubab)

— Non, j'ai été à Clichy où demeurait mon oncle. Je lui ai remis. Il m'a demandé ce que je voulais en faire. Je lui ai dit que c'était à lui de décider. Alors, il m'a expliqué... J'étais fier. Je savais que mon argent aiderait la famille. C'était en 1972, en pleine sécheresse. Et je rêvais à l'avenir si ça continuait.

C'était bien de l'argent à lui puisqu'il l'avait gagné par son travail, c'était là le premier choc, mais cet argent n'avait de sens qu'à condition de s'inscrire dans un cadre dépassant sa personne. Comme la plupart de ses frères, individus salariés au regard de l'entreprise, il ne se considérait vraiment homme qu'au regard de la famille.

En effet, une grande partie de l'argent économisé va contribuer au maintien du groupe familial demeuré au village. Le groupe familial dont l'immigré se sent coresponsable est relativement étendu. Au minimum, il comprend l'ensemble des individus regroupés dans un même Ka (vingt à quarante personnes). Cet ensemble est composé de trois générations : d'un chef de famille, le père ou l'oncle de l'immigré, sa ou ses femmes, deux en moyenne, ses enfants, cinq à huit par femme, la ou les femmes des fils, notamment celles du ou des immigrés, leurs enfants. Le nombre d'immigrés par Ka varie en partie, d'autres facteurs pouvant intervenir, en fonction du nombre de personnes vivant dans le Ka. Lorsque plusieurs « frères » émigrent dans une même ville, c'est l'aîné qui gère au moins la partie des salaires destinée à la famille. De fait, il ne fait que répondre aux demandes établies, formulées par le chef de famille.

Ni les distances, ni le temps, ni les différences de

mode de vie n'ont affaibli ce lien. Plusieurs raisons convergentes doivent être invoquées pour rendre compte de cette persistance. En premier lieu, les immigrés soninké viennent de communautés qui tirent l'essentiel de leur subsistance de la culture de la terre. A la différence des Algériens par exemple, ils quittent une unité familiale encore fortement structurée autour des activités domestiques. C'est aussi pour les préserver que l'immigré est parti et il sait que nul autre que lui n'interviendra. Les seuls fruits du travail de la terre sont insuffisants à la reproduction du système et l'Etat incapable d'y suppléer.

Nous touchons là une deuxième raison du maintien d'un lien étroit entre le salarié expatrié et sa famille paysanne. A la différence du paysan ou de la paysanne français qui, lorsqu'ils quittaient le foyer pour aller en ville chercher un emploi, étaient « portés » par le développement économique d'ensemble du pays, lequel avait des retombées sur les familles paysannes (notamment sous la forme de subventions, d'homogénéisation progressive des avantages sociaux : école, santé, allocations familiales), l'immigré soninké laisse sa famille dans un environnement économique statique, sinon régressif. La « modernisation » du Mali veut dire pour le paysan de la région de Kayes ponction et non prise en charge d'aucune sorte. Le prix d'achat du mil, maintenu très bas afin que fonctionnaires et citadins rémunérés puissent se nourrir, n'améliore en rien la situation. Qu'à cela viennent s'ajouter quelques catastrophes naturelles, sécheresse comme dans les années 70, criquets dévastant les récoltes, et c'est la misère, parfois même la famine. Quel fils, quel père normalement constitués ne s'en soucieraient ?

En France les conditions d'accueil ne sont pas de nature à faire oublier le village. Les bas salaires, la politique du logement en foyer, la difficulté d'accéder à des logements sociaux liée aux procédures de regroupement familial ne sont pas faites pour encourager l'immigré à y établir sa famille, même restreinte. Ces trois facteurs : une économie d'ensemble incapable d'assurer à la paysannerie le moindre avenir, une économie domestique essoufflée requérant l'assistance du salariat, une politique d'exclusion en France sont néanmoins insuffisants pour expliquer le maintien d'une participation régulière et quasi généralisée des migrants au budget du Ka.

Tant les immigrations algériennes que portugaises ou italiennes se sont transformées en immigration familiale ou de peuplement. Les envois d'argent au pays lorsqu'ils existent ne concernent pas fondamentalement la reproduction d'un système, encore moins la reproduction de la communauté domestique, cette dernière ayant été détruite antérieurement. Au mieux les immigrés appartenant à ces pays réaménagent-ils, lorsqu'ils les conservent, les rapports avec leurs familles. Ils peuvent l'aider mais ils ne revendiquent pas une place à l'identique en leur sein. La plupart du temps, ils espèrent par des investissements judicieux tirer profit du jeu qu'offre l'inégal développement entre le pays de départ et le pays où ils travaillent [7].

Seule une double stratégie des patriarches en tant que chefs de famille d'un côté, membres du conseil du village de l'autre, prenant en compte, articulant ces trois facteurs qui ont présidé au départ de leurs fils, assure la perpétuation du système d'autosubsistance assisté et par voie de conséquence celle du lien de dépendance aîné/cadets, le contrôle sur une partie du salaire de ce dernier.

Cette stratégie consiste à interdire ou plus exactement à ne pas autoriser le départ des femmes et

7. A. Cordeiro, C. Quiminal [1987].

enfants de l'émigré. Elle nécessite pour être menée à bien de rallier le plus grand nombre possible de villageois et villageoises présents ou absents à l'idée que tant dans sa réalité concrète que dans son efficacité symbolique l'organisation sociale et économique des communautés domestiques doit être préservée.

Ces communautés, nul ne l'ignore, sont en difficulté. L'économie domestique avec son système d'avance restitution, son système viager (*Femmes, Greniers et Capitaux*), ne va pas sans l'autorité de l'aîné. La salarisation la met en péril. Pour conjurer tant que faire se peut le danger, l'effort des anciens va s'appuyer sur un savoir diffus : dans le monde capitaliste désormais inévitable, il n'y a pratiquement pas de place, tout du moins peu enviable, pas de statut pour des paysans analphabètes : en France, le racisme, le chômage, à Bamako, la misère. Les rares cas de réussite sociale ne peuvent infirmer la règle : celle de l'exclusion. Par le maintien d'un ordre complètement étranger au capitalisme ils entendent donner à la communauté un cadre d'existence et une raison de vivre. Ce maintien exige, d'une part, la continuation de la production d'autosubsistance, d'autre part, le ralliement des immigrés à un tel projet social. En effet, à tout moment, l'immigré peut, au sens où il en a les moyens en tant que salarié, décider de rompre avec le système. Faire venir femmes et enfants en France.

A une telle décision, ce ne sont certes pas les femmes qui s'opposeraient. Elles désirent profondément, pour la plupart, rejoindre leur mari. Celles qui ont eu cette chance ne font que conforter cette aspiration, quelles que soient les difficultés qu'elles aient pu rencontrer. Lorsqu'elles reviennent au village, c'est toujours la tête haute, pleines de superbe.

Magui était venue en France. Elle n'avait pas d'enfant après six ans de mariage. Semba avait obtenu un F2 à Saint-Denis. Les conditions de logement n'étaient pas mauvaises. Plusieurs familles du village vivaient dans le même groupe d'H.L.M. Mais Magui ne supportait pas d'être enfermée entre quatre murs. L'espace lui semblait horriblement restreint. Sortir ? Elle ne parlait pas un mot de français. Et puis, il faisait si froid dehors. Il fallait se couvrir, mettre des chaussures. Il fallait faire attention à tout : aux voitures, à l'argent dont elle ne maîtrisait pas le maniement, à la direction qu'elle prenait, aux policiers, aux hommes. Chez elle, faire la cuisine debout devant un réchaud à gaz la fatiguait comme fatigue tout Européen la position accroupie. Bref, regarder défiler des images du Mali au magnétoscope ne lui suffisait pas en attendant de s'adapter à ses nouvelles conditions de vie. Les amis et amies lui rendaient visite, lui faisaient des cadeaux dont un superbe fauteuil roulant acheté aux puces afin qu'elle se fatigue moins en faisant les repas. Elle se plaignait de plus en plus de maux de tête. Rien n'y fit, pas même le fait d'être enceinte, elle avait perdu son sourire, une profonde dépression l'habitait. On dut la renvoyer au village. Heurts et malheurs furent cachés aussitôt qu'arrivée. Au contraire, elle exhibait de nombreux objets de commodité occidentale, dans ses moindres gestes elle affichait sa supériorité d'avoir été en France : montre au poignet qu'elle ne savait pas lire, brassières barboteuses pour son fils et jusqu'à des couches jetables ; elle en avait ramené plusieurs gros paquets. Elle ne les utilisait, il est vrai, que pour les grandes occasions.

Bref, ses « sœurs » l'enviaient. Même Bintou qui était revenue folle avec son fils fugueur de douze ans qui ne parlait pas le soninké n'était pas un exemple suffisant pour réprimer l'aspiration au départ.

L'émigré lui aussi est partagé. Gage de son avenir,

rationalité économique présente, la stratégie des anciens lui pèse affectivement, sexuellement, et même socialement. Que vont devenir ses enfants au village ?

Pourtant, dans leur grande majorité, les fils acceptent de « confier » leurs femmes, leurs enfants, à leurs parents. Les raisons à cela ne sont pas à chercher uniquement du côté du renforcement de l'identité communautaire en France, seule manière de négocier son existence, d'être quelqu'un, mais également du côté précisément de ces stratégies des anciens. L'immigré sait qu'à tout moment sa place au village est maintenue ; même si le retour à la terre ne lui sourit pas forcément, il conserve son droit sur elle.

A cet argument, important mais insuffisant, s'en ajoute un autre, décisif, l'argument d'autorité. Les patriarches s'opposent au départ des femmes et des enfants des immigrés... Signe de l'autorité toujours reconnue des anciens, cette non-autorisation est fondée sur un compromis. D'un côté, par un acte d'autorité, le maintien des femmes dans le Ka, le chef de famille redonne sens et contenu à cette même autorité menacée par la salarisation. Il se rend indispensable tant économiquement que moralement. De l'autre, l'immigré gagne la reproduction de sa famille restreinte au moindre coût, un avenir possible. Il sait dans quelle misère affective, morale, financière se débat l'ami qui a fait venir en France dans un logement exigu femmes et enfants. A combien de folies, de délinquances, de dettes il doit faire face, même si par ailleurs il aspire à un tel regroupement. Immigré et chef de famille y trouvent leur compte ; l'immigré y perdra de son autonomie, le chef de famille y puisera responsabilité et pouvoirs confortés. Au sein du Ka, l'ordre des choses est respecté. La famille est nourrie et logée, les femmes travaillent aux champs et pour leurs belles-mères, les enfants sont éduqués dans le respect des valeurs dont seule la reconduction permet à l'immigré dans le présent de conserver un statut, dans l'avenir de retrouver sa placc.

L'argent de la dépendance négociée

Partir pour voir autre chose, pour acquérir l'argent de la dot était un acte d'autonomie. Partir pour aider ses aînés pouvait le rester, voire même conférer un certain pouvoir à celui qui envoyait volontairement de l'argent. Etre absent en laissant à charge ses propres descendants est tout différent. Et ce d'autant plus que le patriarche fera en sorte que le grenier, les cultures vivrières apparaissent comme centraux, essentiels à la satisfaction des besoins. Peu importe qu'un simple calcul en termes de valeurs monétaires puisse faire apparaître que les valeurs mises à la disposition du Ka par l'immigré sont plus importantes que celles mises en circulation par le chef de famille. C'est ce dernier qui assure la reproduction du système, seule référence sécurisante permettant d'envisager l'avenir, d'assurer le présent et le passé.

Dans ces conditions, toutes ses demandes sont justifiées par avance et toujours considérées comme appoint. L'argent de l'immigré ne fait que combler des manques. Il ne fait jamais autorité. « Bien couché », il demeure bien secondaire. De connivence, les anciens au village entretiennent l'idée que la seule richesse est un grenier bien plein, et que l'absence de grains en période de soudure est due à l'absence des jeunes en période de culture.

En répondant aux demandes du patriarche l'immigré respecte les hiérarchies du Ka. En envoyant de l'argent à sa femme pour l'entretien de sa famille restreinte il se conforme à la représentation occidentale de cette dernière. Les femmes âgées bénéficient elles aussi du compromis et pèsent fortement sur le maintien des jeunes épouses au village. Elles peuvent enfin bénéficier de services qu'elles ont si longtemps rendus.

Quant au point de vue des épouses des immigrés, principales victimes de cette stratégie de compromis, tout le monde le connaît, rares sont ceux qui veulent l'entendre. Absence du mari, dépendance totale à l'égard des belles-mères et du patriarche, accroissement des tâches pour les autres au détriment de celles qui leur rapportaient un peu d'argent ou de prestige ; par exemple, elles n'ont plus le temps de cultiver leurs champs, de récolter les graines pour les sauces, angoisse lors du passage des hommes de ne pas tomber enceintes, pour toutes ces raisons elles voudraient aller en France. Isolées dans leur belle-famille, souvent rivales entre elles, leur seul recours est de tomber suffisamment malade pour que l'on juge nécessaire de les envoyer en France se faire soigner. Pour les autres elles ne peuvent que se réjouir des cadeaux ou de l'argent que leur envoie directement leur mari.

Femmes et enfants doivent demeurer au village, il en va de la survie de ce dernier. Le Ka doit continuer à apparaître comme le seul lieu permettant la reproduction de la famille étendue, même s'il ne le peut désormais que grâce à l'argent de l'émigré [8].

Où passe l'argent ?

De fait le groupe familial dont l'émigré se sent responsable est relativement étendu.

La famille Traoréh comprend 24 personnes. Sidibe est le seul immigré. En France depuis dix-sept ans,

8. Lorsque le départ des femmes n'a pu être freiné faute d'une autorité suffisante des anciens, les villages se meurent.

il est marié (2 femmes), a 4 enfants, 15 frères et sœurs, 2 « mères », 1 père, tous au village. Sa participation de base régulière à la subsistance du Ka n'est pas mensuelle mais annuelle. Il envoie fixe 15 000 F au chef de famille son père dont la répartition est justifiée de la manière suivante :

— Impôts ;
— Achat de poisson séché ;
— Achat de riz + mil de soudure ;
— Sauces ;
— Sucre ;
— Vêtements des enfants ;
— Besoins divers — piles — lampes tempête —, etc.

A cela s'ajoutent les dépenses imprévisibles qui font l'objet de demandes ponctuelles : frais médicaux, dépenses sociales (enterrements, mariages, naissances), entretien, voire même reconstruction de diverses pièces du Ka ; elles atteignent environ 4 000 F par an.

On notera trois traits contradictoires concernant le rapport au salaire de l'immigré et qui expriment la nature ambiguë des liens sociaux qu'il recouvre.

Premièrement, il s'agit d'une demande quelque peu justifiée faite par le chef de famille à son dépendant. Signe d'une certaine rationalisation des dépenses. Cette dernière ne va pas de soi, elle est le fruit d'une lutte entre l'immigré et sa famille. Il veut savoir où passe son argent. L'établissement d'un tel budget, dont on a vu qu'il conserve encore des postes flous, est le maximum qu'il puisse obtenir. Dans bien des cas encore une rationalisation aussi poussée n'existe pas, on envoie les sommes exigées.

Deuxièmement, c'est le chef de famille qui dispose complètement de cette partie du salaire, voire même des allocations familiales. Il n'a aucun compte à rendre. Des petites sommes d'argent sont par ailleurs envoyées aux épouses.

Enfin la situation de l'immigré n'est pas prise en compte. Il est celui qui a accès à l'argent, il est parti pour cela et doit donc satisfaire aux besoins monétaires du Ka. Le fait qu'il puisse être au chômage, malade, n'entre pas en ligne de compte. Aucune association n'est faite entre le travail et l'argent. Cachant la plupart du temps et jusqu'au-delà du possible ses difficultés, l'immigré est en partie responsable de cette représentation qu'on a de lui comme celui qui est à la source de l'argent. En « France, il y a beaucoup d'argent ». L'argent de celui qui est parti en « voyage » apparaît comme aisé à obtenir à celui qui, de la culture de ses champs, tire péniblement tout juste de quoi manger.

Cette dissociation entre l'argent et le travail est d'autant plus importante à maintenir que le travail sur le champ du patriarche n'est jamais rémunéré. Elle permet également d'entretenir la culpabilité de l'émigré. Celui qui ne répondrait pas à la demande qu'on lui fait serait d'autant plus coupable qu'en France il y a de l'argent. Nous l'avons déjà signalé, la culpabilité est un des éléments constitutifs de la permanence du lien entre l'émigré et sa famille, non pas au sens culturaliste où l'entendent les anthopologues américains *(guilty)* mais bien parce qu'ils sont responsables. La culpabilité n'est pas un trait ethnique mais une culpabilité de situation.

Les demandes du village

La menace que représente le salariat à l'égard des liens familiaux est éloignée par la stratégie de maintien des jeunes épouses au sein du Ka. Cependant elle n'en est pas pour autant complètement éliminée. Elle demeure sous la forme d'aspirations souvent exprimées dans le cœur des conjoints. Les vieux eux-mêmes, en conformité avec l'islam, concédaient qu'il n'était pas bon qu'une femme vive séparée de son mari, mais il était encore plus dangereux, ajoutaient-ils aussitôt, que les familles se dissolvent au contact de l'Occident. Il en allait de l'avenir du village. Et ils avaient raison de ce point de vue là. Pour se faire entendre, pour contenir les tendances au départ qui compromettaient cet avenir, ils devaient non seulement conforter l'idée que la place des femmes était au Ka mais également renforcer le lien des émigrés à leur village.

Le processus mis en place à cette fin fut de même nature que celui qui présidait au maintien des liens familiaux. La mise en accusation des absents, la menace de perdre leur place, d'être considérés comme étrangers au village.

Les Francemen, comme on les appelle, sont responsables d'un certain nombre de maladies, notamment les maladies vénériennes, la stérilité des femmes ; ils sont responsables des amendes que le village doit payer parce que les routes ne sont pas entretenues, ou les feux de brousse éteints trop tard faute de bras au village. Ils sont responsables de l'insubordination des jeunes à l'égard de leurs aînés. N'ont-ils pas nourri leur désir de voyage par leurs récits, par les cadeaux d'objets incongrus ? Plus grave : n'est-ce pas de leur faute si les jeunes manifestent un intérêt croissant pour les travaux rémunérés au détriment de celui qu'ils devraient porter aux travaux des champs au sein du Ka, s'ils préfèrent remplir leur poche plutôt que le grenier ?

En conséquence, il est normal qu'à leur manière ils interviennent pour remédier à tout ce qui contribue à la désagrégation des rapports sociaux au village. A leur manière, c'est-à-dire par des envois d'argent.

Les caisses constituées au premier chef pour assurer les solidarités nécessaires à la communauté villageoise en France, rapatriement, chômage, vont permettre d'honorer les demandes témoignant de la maintenance d'un lien d'appartenance au village. Principale organisation de la communauté, il n'est pas étonnant qu'elle le soit autour de l'argent. L'immigré est encore une fois considéré comme le pourvoyeur d'argent. Les chefs des caisses vont être les plus âgés, les mieux placés dans la hiérarchie villageoise. Ils veillent sur la communauté, d'autant plus soucieux de reproduire les rapports sociaux dans lesquels ils ont été éduqués qu'avec l'âge leur retour au village se précise... Les cotisations sont égales pour tous. Cette égalité doit être interprétée non pas tant comme la reconnaissance d'une égale condition en France, argument mis en avant, mais comme moyen de nier les distinctions par l'argent.

L'argent ne doit pas bousculer l'ordre établi. Or, qu'adviendrait-il si un ancien captif pouvait prétendre à une plus grande participation aux besoins du village que le fils du chef ?

Le processus est le suivant : le conseil du village se réunit afin de déterminer par exemple comment payer l'amende infligée par la Commission de sauvegarde de la forêt, parce que sur un terrain du ressort de Touroula un feu de brousse n'a pas été éteint à temps. Soit 5 000 F. Il décide qu'il incombe à ceux de France de fournir une partie de cette somme, soit 2 500 F. Une lettre est envoyée au chef de caisse lui narrant les circonstances de l'incendie, comment à plusieurs reprises le conseil du village a refusé de payer l'amende, ce qui lui a déjà coûté cher, car chaque rappel à l'ordre s'accompagne de la venue d'un représentant de l'Etat qui vit un ou deux jours sur le village, comment aujourd'hui il faut payer, pourquoi les villageois ne peuvent sur leurs propres deniers supporter cette dépense.

Ainsi mis au courant de la vie du village, il ne viendrait à personne l'idée de ne pas répondre à ses exigences. Les caisses ont autant un rôle de contrôle social que de ponction sur les immigrés. Reconnues par le conseil du village, reconnues par la communauté immigrée en France, les caisses et leurs animateurs ne vont pas se limiter à être un simple relais. Assurance du maintien de l'ordre villageois en France, les caisses vont aussi être le lieu de dynamiques contradictoires. Elles ne seront pas à l'abri de l'histoire et des ambitions de ceux qui les composent. D'une part, leur existence même constitue les émigrés en force sociale au regard du village, d'autre part, elle permet à certains des stratégies de retour prestigieux, à d'autres des stratégies d'enrichissement personnel frauduleux. Elles reflètent toujours le degré de cohésion de la communauté en France et les conflits qui la traversent.

Au-delà de la réponse aux demandes, l'argent accumulé dans les caisses permettra une intervention spécifique des émigrés. Encore faudra-t-il que leur unité d'initiative ne soit pas menacée par la peur des patriarches de voir se profiler une nouvelle force sociale du village.

Quoi qu'il en soit, et pour respecter la chronologie des processus, à ce stade des changements, la double stratégie des patriarches leur a permis la maîtrise de l'argent des émigrés tant au niveau familial qu'au niveau du village. Deux moyens ont été utilisés : le maintien des femmes dans le Ka, les caisses. La communauté villageoise menacée ne peut continuer à exister que s'il y a consensus autour de l'idée que le système domestique d'autosubsistance demeure le cadre le plus sûr de sa reproduction, quand bien même a-t-il besoin d'être assisté d'un apport extérieur : l'argent des émigrés. La maîtrise de cet apport par le chef de famille n'entraîne pas de bouleversements fondamentaux dans les liens familiaux.

Par contre les rapports de voisinage, les rapports entre familles vont subir les contrecoups de la circulation de sommes d'argent de plus en plus importantes.

L'argent et les voisins

A la stratégie qui consiste à préserver un système en crise s'oppose une dynamique d'intériorisation des rapports marchands dans l'univers villageois, personne n'y échappe. Ces rapports marchands entre voisins ne peuvent cependant pas être caractérisés comme capitalistes.

Si une partie de l'argent envoyé est utilisée à des investissements sociaux, la plus grande part sert à satisfaire des besoins désormais considérés comme vitaux. La hiérarchie entre les familles repose plus sur l'histoire que sur la richesse. Cependant, certains biens confèrent à leur propriétaire un plus ou moins grand prestige. L'argent envoyé peut ainsi servir à l'achat d'un cheval, tout noble doit en avoir un dans sa cour, à l'augmentation du nombre de têtes de gros bétail, à participer de manière ostentatoire aux fêtes, aux différentes cérémonies, à l'achat de toits en tôle, à la construction de maisons en dur, à l'acquisition de femmes supplémentaires.

Mais que l'on ne s'y trompe pas, la possession d'argent n'ouvre pas les portes du pouvoir. Les familles nobles se doivent à ces dépenses somptuaires, les familles d'anciens captifs pourront tout au plus, en y participant, acquérir un peu de considération sans pour autant changer de statut (*bena* en soninké signifie à la fois riche et notable). Une utilisation par trop arrogante et ostentatoire de l'argent peut même entraîner de nombreuses critiques, une certaine mise à l'écart. Sidibe a fait construire une maison de deux étages en ciment, c'est la seule, elle est située en dehors de l'enceinte du village, là où le maître des terres en a autorisé la construction, maison réputée dans la région et que l'on décrit comme un véritable palais des Mille et Une Nuits. Loin de susciter l'admiration qu'aurait pu en attendre un Soumare, elle est l'objet de nombreuses railleries. Notamment tous les villageois nous ont raconté comment, lors de la saison des pluies, elle a été la seule à subir des inondations. La place qu'on lui avait réservée n'était pas sans rapport avec cette mésaventure. Il n'est pas bon de vouloir trop se distinguer quand on n'en a pas les arrières. En dehors des investissements non rentables, mais nécessaires, qui confortent plus qu'ils ne bouleversent les statuts sociaux, l'argent sert principalement à l'achat de produits de première nécessité : riz, poisson séché, bouillon Kub, sucre, sel, thé, piles, rustines, torches, savon, quelques conserves — denrées dont l'achat est devenu nécessaire, soit pour combler les déficits des greniers, soit pour satisfaire aux nouvelles normes de consommation. Dans un cas comme dans l'autre, les immigrés sont considérés, non sans quelque raison, comme responsables de cette fuite de l'argent à l'extérieur de la communauté. Aucun de ces produits n'est le fruit du travail villageois, tous sont importés. Du côté des indigènes, le commerçant fixe un peu d'argent sur place ; encore n'est-il pas toujours du village.

La réhabilitation du commerce privé, interdit jusqu'en 1968, s'est manifestée par l'apparition de deux types de commerçants : le commerçant ambulant et le boutiquier. Le commerçant ambulant fait le tour des villages en bâché. Il livre des céréales souvent payées en France à des prix exorbitants ; son activité ne contribue pas à fixer l'argent au village, n'a pas de retombées économiques sur le village. L'activité du boutiquier reste marginale. Depuis quelques années, la plupart du temps liés à l'émigration, des magasins ont surgi dans les villages. Ils sont d'un faible rapport et ne constituent le plus souvent qu'une activité secondaire pour leur propriétaire. Ils ouvrent à la demande du client et non à des horaires fixes, les stocks sont de peu d'importance et constitués en fonction des occasions rencontrées ou des demandes le plus souvent formulées.

Les rapports marchands domestiques

En deçà de ces rapports marchands capitalistes se sont développées de nombreuses activités locales qui donnent lieu à ce que nous appellerons des rapports marchands domestiques. L'argent circule entre voisins des plus aisés aux moins aisés (ceux qui n'ont pas d'immigrés, donc pas d'argent). Il s'agit de la production de valeurs d'usage visant à capter des revenus monétaires et non de production marchande au sens strict dans la mesure où elle est sans rapport avec la comptabilité sociale en temps de travail incorporé par ces produits qu'implique l'hypothèse de la production marchande chez Marx. La notion d'échange équivalent n'a pas cours ; un même objet, un même service, peuvent être vendus à des prix différents selon les interlocuteurs, selon les moments. Parmi ces activités on peut distinguer les activités de « service » avec ou sans investissement et les activités de transformation des produits locaux.

La surcharge de travail des habitants demeurés au

Ka entraîne la multiplication du recours à des services payés à l'extérieur du Ka. Les jeunes notamment sont très ingénieux quant aux manières de se procurer un peu d'argent, de vendre leur force de travail, ce qui n'est pas toléré au sein de leur propre famille : se procurer le bois, seul combustible utilisé pour la cuisine, n'est possible qu'à sept ou huit kilomètres du village ; ils en stockent de petites quantités qu'ils vendent à des voisins en panne souvent parce que leurs propres jeunes se sont refusés à la corvée ; ils aident au transport de l'eau, ils vont même louer leurs bras quelques heures pour des travaux divers qui ne seraient pas rémunérés au sein de leur famille. Le paiement de ces travaux varie en fonction des possibilités de ceux qui les utilisent. Une femme fatiguée proposera 5 F à un jeune pour aller chercher de l'eau, alors qu'au même moment le même service sera rendu gratuitement au marabout et payé 10 F par un noble.

Des investissements plus ou moins importants en matériel entraînent la pratique courante de la location ; on loue sa carriole, son âne, sa charrue, son moulin à mil ; on loue même des places pour voir des films de karaté ; les villages sans électricité, dans lesquels l'émigré a ramené un petit groupe électrogène, un magnétoscope et des cassettes de films, ne sont pas rares ; les séances peuvent regrouper jusqu'à deux cents personnes à 2 F CFA la place. Elles peuvent aussi se tenir entre amis et prennent alors la forme d'invitations, conférant un peu de prestige à celui qui reçoit.

Il s'agit en général de gains très modestes qui traduisent plus une nécessité d'avoir accès à l'argent qu'une réelle volonté de profit, en aucun cas ils ne traduisent une stricte logique d'investissement à des fins de rentabilisation. L'argent gagné représente plus des marchandises à acheter que la marchandise vendue : force de travail non comptée.

Certains objets, selon les saisons, peuvent être tantôt prêtés tantôt loués. Semba avait ramené un hachoir à sa famille pour écraser les arachides destinées aux sauces. Durant la saison sèche, les voisins payaient pour son utilisation, durant la saison des pluies ils y avaient accès gratuitement. Sans doute estimait-on qu'en l'absence de travail aux champs y avoir recours était un luxe que l'on pouvait par conséquent taxer. Le revenu, fort modeste par ailleurs, que procurait l'utilisation du hachoir n'allait pas à son propriétaire, une femme, mais aux jeunes qui le faisaient fonctionner. Ostensiblement, le chef du Ka leur distribuait les quatre sous ainsi obtenus. D'un seul geste, niant la valeur de l'argent et satisfaisant l'aspiration des jeunes à son endroit. Ces derniers s'empressaient d'aller acheter un peu de thé et du sucre pour s'adonner à leur occupation favorite : palabrer dans leur case en préparant et sirotant un verre de thé. Rapidement la manivelle du hachoir se cassa. Il ne vint à l'idée de personne d'utiliser à la réparation du hachoir l'argent gagné par sa location. Semba dut se fâcher, lors d'un de ses retours, pour imposer la logique du respect de ce qui n'était guère considéré comme un outil de travail.

Production des biens d'usage et d'échange

Toute aussi importante enfin, au regard des transformations des rapports sociaux, est la fixation de l'argent au village par le biais d'un petit artisanat. Il ne s'agit pas d'une simple résurgence des castes, bien que parfois la nature de la spécialisation soit liée à l'appartenance à une ancienne caste : forgeron, griot, traditionnistes, artisans du cuir. Ces métiers, comme les plus nouveaux, ne suffisent pas à faire vivre. Tous ont d'abord des terres.

Réactualisation d'activités anciennes, création de nouveaux petits métiers, depuis le départ des esclaves, les nobles n'ont plus la possibilité de s'attacher les services des hommes de métier. Les artisans travaillent pour des consommateurs qui achètent leurs produits. Les revenus qu'ils se procurent ainsi ne leur permettent pas de vivre, encore moins de faire des investissements coûteux. Tous sont d'abord paysans et leur famille n'est pas épargnée par la migration. Bien que peu lucratives, ces activités nombreuses donnent lieu à une sorte de redistribution de l'argent.

Le forgeron ne produit plus le fer, il l'achète sur le marché de Kayes. Il fabrique des houes, des faucilles, des sabres d'abattis ; il répare les fusils, dans certains villages les socles des charrues ; il bricole à la demande quelques pièces insolites (freins de vélo, rayons, moulins, hachoirs). Le cordonnier travaille le cuir, il confectionne quelques objets de luxe : selles, bottes souples, sacs et de nombreux gri-gris ; aux sandales, babouches qu'il faisait jadis ont été substituées les tongs de caoutchouc ou les babouches issues de la production de masse beaucoup moins onéreuses...

Les briques de pisé sont faites et vendues par les jeunes, individuellement, lorsque la quantité requise n'est pas très importante. Dans le cas contraire, lorsqu'il s'agit de rebâtir complètement un Ka devenu trop étroit, la commande est faite à toute une classe d'âge. Dans certains villages existe une organisation spécifique pour ce genre de travaux. Dans tous les cas ils sont rémunérés. On a de nouveau recours aux tailleurs longtemps concurrencés par ceux de la ville. Une machine à coudre, électrique au foyer, devenue manuelle au village, permet un travail plus rapide, compatible avec d'autres activités.

Quant aux femmes, avec l'augmentation de leur travail aux champs, ont diminué leurs activités subsidiaires, graines pour les sauces, égrenage, cardage et filage d'un peu de coton, préparation de l'indigo. La forgeronne conserve le monopole de la fabrication des poteries : canaris, marmites, gargoulettes. Les matrones louent leurs services lors des naissances. Seules les coiffeuses se multiplient. Indifféremment hommes ou femmes peuvent être « boulanger » ; les femmes vendent de préférence les beignets qu'elles ont préparés, le pain est plus une affaire d'homme (à la demande de quelques jeunes, j'ai apporté dans un village un livre sur la fabrication du pain), de même que la vente du gibier chassé. Le boucher est toujours de sexe masculin. Les hommes sèchent les feuilles de tabac et les vendent en fuseaux. Les femmes fabriquent les parfums. Griots et griottes chantent l'histoire du clan, l'histoire du village en échange de quelques billets. Ces activités, auxquelles il faut ajouter le petit commerce de produits marginaux : vente de calebasses (100 à 500 F CFA pièce), de kola, tomates, salades, haricots sont en définitive la principale voie de redistribution de l'argent d'origine migratoire. Elles engendrent une circulation monétaire entre Nyakamala, mais surtout des nobles vers les Nyakamala. Car si quasiment toutes les familles de Nyakamala pratiquent au moins une de ces activités, les nobles et les plus riches s'en dispensent.

Prise dans la domination d'un pouvoir, de logiques, de mécanismes qui lui sont extérieurs, étrangers, la communauté villageoise tente de résister à une reddition complète qui serait une défaite, autant que faire se peut. A l'exportation d'une partie de sa force de travail, l'importation d'une partie des biens de consommation, elle oppose, en l'y articulant, le maintien de la production d'autosubsistance et l'ordre qui en découle, le développement d'activités subsidiaires rémunératrices et des rapports marchands « domestiques ». Rapports avec le monde extérieur, rapports familiaux et rapports entre covillageois constituent trois cadres de relations dont chacun a des effets induits sur les deux autres. La circulation monétaire est au cœur de ces effets, elle en constitue un exemple privilégié. La plus grande partie de l'argent trouve sa source et son débouché dans le cadre du rapport avec l'extérieur, l'immigration ; une deuxième partie sert à la reproduction de l'ordre établi par le truchement des investissements sociaux des familles (dots, fêtes) et du conseil de village ou du marabout [9].

Enfin la dernière partie permet une certaine redistribution interne entre covillageois ou canalisée par le biais des rapports marchands domestiques. L'existence d'une partie de la force de travail social du village insérée dans des rapports pleinement capitalistes (échange de leur force de travail contre un salaire) suscite et favorise le développement de pratiques locales de production d'utilité sociale à des fins de captation de revenus monétaires.

A son tour, cette production marchande domestique, dont les acheteurs ne peuvent en aucun cas être un membre de la famille, a néanmoins des effets destructurant sur cette dernière. Les jeunes multiplient leurs offres de services, les activités rémunératrices à l'extérieur de la famille, tandis que les femmes surchargées multiplient leurs demandes, d'argent auprès des maris, de services auprès des voisins. Le grenier ne se remplit plus. L'immigré doit prolonger son séjour, augmenter ses envois d'argent.

9. ALTHABE [1969].

L'épargne ou l'argent de l'autonomie

Prudent, averti par les aléas rencontrés durant de nombreuses années en France, soucieux de son avenir et de celui des siens, l'immigré consacre une troisième partie de son salaire à l'épargne. Cette dernière a pour objectif de faire face à deux types de situation : le malheur, le retour.

L'épargne de précaution est constituée en prévision des malheurs de la vie en France et au village. « Avant il y avait beaucoup de travail et des petits salaires, aujourd'hui il y a peu d'emplois mais des salaires élevés. Quand on a un travail il faut penser que bientôt on peut ne plus en avoir. Surtout qu'aujourd'hui avec la modernisation on n'a plus besoin de nous. »

L'intériorisation de la précarité de leurs situations d'emploi est très forte chez les Africains. Chômage, licenciements, maladies, accidents, sont autant de menaces qui peuvent à tous moments les frapper. L'ensemble des dépenses qui leur incombent n'en sera pas pour autant diminué, dans la mesure où elles sont déjà réduites au strict minimum. L'épargne servira également à pallier les effets néfastes de la mort subite ou d'une maladie grave d'un membre de la famille, d'une trop longue sécheresse. L'épargne prévisionnelle est faite en vue d'un retour : retours temporaires ou retour définitif.

Si le développement des transports aériens a rendu les allées et venues plus aisées, le coût d'un séjour au village est très élevé. Certains ne peuvent se l'offrir que tous les cinq ans. Nombreux sont ceux qui reviennent lourdement endettés, ayant dépensé plus que les sommes épargnées à cet effet. Outre le prix du billet (5 400 F Paris/Bamako, un peu moins par Dakar mais chaque arrêt coûte cher), les cadeaux : bijoux et pagnes pour les femmes, fusil pour le père, vélos pour les frères, moto ou mobylette pour soi, lorsque l'on est au village, on est fortement sollicité, on est celui qui a accès à l'argent, et comme les rapports sociaux passent de plus en plus par l'argent toutes les occasions sont bonnes pour en demander. Femmes et enfants, jeunes et moins jeunes, marabouts et griots profitent de cette brève présence pour assouvir leur désir de participer aux bienfaits de la modernité. Ne pas répondre à ces demandes serait avouer l'échec du voyage, donner prise aux pressions qui ne manquent pas de s'exercer pour le retour, se priver des justifications qui ont autorisées le départ.

Dans une même journée, Sow s'est vu solliciter par une grand-mère qui voulait acheter un peu de lait à ses petits-enfants (12 F), ce sont en général les grand-mères qui l'offrent ; un oncle qui désirait du tabac (5 F) ; un petit frère qui n'avait plus de pile pour son transistor (20 F) ; sa deuxième femme qui recevait sa mère et voulait lui remettre un peu d'argent (50 F) ; la première qui n'avait plus de bois (5 F) ; il a offert le thé à six amis qui venaient lui rendre visite et a acheté quelques bonbons à ses propres enfants (5 F). Total, 87 F. Il ne s'agissait pas d'une journée exceptionnelle, encore moins de dépenses de fond.

En ce qui concerne cette épargne de précaution, l'immigré tient d'abord le rôle de la fourmi pour mieux jouer ensuite celui de la cigale. C'est ainsi qu'il atteste sa réussite, qu'il défend son statut d'immigré au village. En somme, une épargne à court terme. Enfin, avec l'épargne vit un espoir, celui d'échapper à sa condition de salarié célibataire selon deux modalités différentes de rupture avec le Ka : avoir de quoi faire venir et faire vivre femmes et enfants en France, accumuler un petit capital afin d'investir à Kayes, Bamako ou Dakar dans un petit commerce, un moyen de transport, un appartement.

Ce choix individuel s'avère très souvent de peu d'avenir. L'argent s'envole. Avant même qu'on ait eu le temps de s'installer, il faut déjà repartir pour renflouer un petit capital que l'on croyait suffisant. La réalisation positive d'un tel espoir dépend de trop nombreux facteurs. Certains y ont réussi, d'autres plus nombreux ont échoué.

Aujourd'hui la majorité des immigrés soninké en France, sous la pression des anciens, de la société d'accueil, des échecs de leurs frères cherchent des alternatives du côté du village. L'épargne se fait en prévision d'un avenir meilleur à inventer.

Cette partie du salaire est en quelque sorte celle qui dessine les marges d'autonomie de l'immigré, la seule dont il dispose un peu. Toujours à reconstituer parce que sans arrêt entamée par des demandes imprévues, l'épargne individuelle ne parviendra à être investie de manière durable et fructueuse que grâce à des projets collectifs de transformations villageoises, c'est-à-dire au moment où les immigrés seront reconnus comme force sociale dynamique par le village, au moment où les chefs de famille ne seront plus les seuls tenants de la reproduction de la communauté ; en d'autres termes, lorsque l'économie domestique non seulement ne peut plus répondre aux besoins auxquels elle suffisait jadis, mais surtout devient incompatible avec les nouveaux besoins sociaux. En effet, une chose est d'acheter du grain au moment de la soudure, de payer la dot, d'assurer la permanence d'un certain nombre d'investissements sociaux même avec de l'argent venu d'ailleurs, une tout autre chose est de répondre aux nouveaux besoins tels que la santé à l'occidentale, la scolarisation, pour ne citer qu'eux.

La communauté domestique est incompatible avec les investissements que la satisfaction de ces besoins exige.

Les trois figures de l'immigré

Au terme de ce long parcours de l'argent tout au long duquel se font et se défont des liens sociaux complexes, trois positions des salariés quant à l'utilisation de leur argent se dégagent.

Pour les uns, en accord avec les patriarches, il doit servir principalement à la maintenance du système villageois. Ils aspirent à retrouver leur place de retour au village ; leur inscription dans le salariat est considérée comme transitoire, momentanée.

Pour les autres, minoritaires, il s'agit de leur argent gagné à la sueur de leur front, leur donnant droit à une place dans le monde capitaliste, en France comme ouvrier, au pays, grâce à un petit capital qu'ils feront fructifier. Dans les deux cas, car ce droit n'est pas acquis, ils comptent sur leur capacité à épargner, espérant acheter, pour ainsi dire, leur intégration.

Enfin les troisièmes cherchent des solutions de transition, une alternative entre la simple répétition de ce qui existe au village et qui pour eux n'est plus supportable, et la rupture, l'insertion brutale et sans grande chance de succès dans un monde où la compétition ne joue pas en leur faveur, monde qui de leur point de vue n'est pas non plus très supportable.

Ces trois positions, on l'aura noté, relèvent des trois projets de sociétés différentes, contradictoires. A l'heure actuelle chaque immigré individuellement est pratiquement tenu de les respecter toutes les trois conjointement. Il est salarié, il appartient au village, il tente de prévoir l'avenir.

Révolté contre la place qu'il occupe en France, il la

déteste mais il aspire à l'école, la santé pour ses enfants, un peu plus de confort pour lui-même, peu tenté par un retour à la terre, les archaïsmes du village, il y reconnaît son histoire, un refuge éventuel, sceptique enfin quant à ses possibilités d'ascension dans la société française ou au Mali, il tente malgré tout d'accumuler quelques sous. Cette ambiguïté est le signe d'une crise profonde et du fait qu'aucune des positions n'est hégémonique, faute d'être reconnue comme solution. Cependant la voie est indécise, le chemin à tracer, mais les vieux savent désormais qu'à gagner, à maintenir leur ordre ils perdront les jeunes. Et les jeunes savent qu'à ne pas respecter les anciens, à rompre avec le village, ils risquent de se retrouver sans feu ni lieu. Un compromis non sans risque est recherché. Il prend aujourd'hui la forme d'associations pour la transformation des villages.

Depuis une dizaine d'années ces associations se multiplient, bousculant au pays les structures anciennes ou modernes, villageoises ou étatiques, se frayant une nouvelle place, se créant de nouveaux interlocuteurs en France.

CHAPITRE VII

VINGT ANS APRÈS

« Le fruit du figuier n'arrive pas en une heure à son point de maturité. »

EPICTÈTE, *Entretiens.*

« Il faut donner du temps au temps. »

CERVANTES, *Don Quichotte.*

1989. Prise entre l'incertitude de l'emploi et l'incertitude des cultures vivrières, l'émigration soninké vers la France est de longue durée. « Le retour au pays s'enchaîne sur un nouveau départ. » Telle est l'expérience de chacun, l'expérience de tous. « Les souvenirs d'un lyrisme féroce, pleins de douaniers abattus et de fortunes perdues sans broncher [1] », d'aventures mirifiques qui justifient le retour au pays natal ne sont plus de mise. Au bout de vingt ans, parfois plus, il ne s'agit plus de voyage mais d'installation. On séjourne au village, on demeure, on vit en France. Les différentes figures de l'immigré soninké se répartissent selon la manière d'appréhender ce constat. Comment ? Où se situer durant cette longue absence,

1. A. ADAMS [1977].

cette longue présence, selon que l'on se réfère plus volontiers au village ou au pays d'accueil ?

Trois systèmes de représentations s'offrent aujourd'hui à l'immigré soninké autour desquelles s'organisent fondamentalement trois tendances, trois options : fidélité au système qui l'a formé, adhésion au système d'accueil, espoir d'opérer entre les deux espaces de référence un syncrétisme collectif favorable. Cette troisième option est récente, elle est l'effet d'un séjour long.

Dans tous les cas, ce choix, ou plus exactement ce pari, est fonction, d'une part, de la confiance de l'immigré en sa capacité d'intégration en l'une ou l'autre logique, d'autre part, de la capacité de la société de référence à lui faire ou lui conserver une place.

Intégration individuelle

La première tendance, minoritaire chez les Soninké, est celle du choix d'intégration individuelle. Elle signifie une rupture avec la communauté d'origine et une représentation individualiste de la réussite. Elle concerne deux types de populations : les jeunes marginaux et certaines familles de préférence monogames. L'intégration par la marginalité [2], aussi paradoxale qu'elle puisse paraître, n'a rien d'étonnant. Certains jeunes, nés en France ou récemment arrivés, il en arrive encore, n'entendent se soumettre ni au travail de l'usine ni au contrôle social de la communauté qu'ils jugent archaïques. Ils ont une représentation unilatérale de l'Occident comme société de consommation. La France, c'est la mode, la musique, les boîtes de nuit, la drogue, les femmes, l'argent facile.

2. M. AUGÉ [1977].

Ce n'est pas en tant que producteur, sur le terrain de la compétition avec les ouvriers français, qu'ils peuvent avoir accès à tous ces biens. Par contre, l'insertion dans des réseaux alimentant des secteurs bien particuliers de consommation et dont les pratiques discriminatoires portent plus sur l'acceptation ou non de l'illégalité que sur la couleur de la peau est la voie rêvée : être trafiquant de drogue ou proxénète, c'est, par la bande, se donner les moyens d'être conforme.

Ces réseaux, tant de la drogue que de la prostitution, ont par ailleurs bien souvent la capacité de négocier la régularisation de la présence en France de leurs membres. Leur collaboration, même épisodique, avec la police leur permet d'obtenir des papiers pour des clandestins.

Cette figure du Noir aux cheveux lisses, gominés, extrêmement bien habillé, ayant le rythme dans la peau, dragueur, pilier des boîtes de nuit, dealer ou maquereau est rare dans la communauté soninké qui contrôle strictement chacun de ses ressortissants depuis le départ du village, en passant par le passage à Dakar ou Bamako jusqu'à l'arrivée en France. Toute dissidence un peu trop marquée et répétée se traduit par un renvoi au village.

Plus symptomatique est le phénomène zoulou. Des jeunes de 15 à 18 ans éduqués en France, en complète dissidence avec leur famille, n'ayant jamais vu l'Afrique pour certains, se regroupent en petites bandes d'autosubsistance par la violence non armée. Ils squattent des appartements et opèrent un transfert de biens de luxe des BCBG par la force à leur profit : blousons de cuir de marque, baladeurs et autres objets prisés par la jeunesse. Leur idéologie peut globalement se résumer de la manière suivante :

« Dans la vie on est dominé ou dominant. Nous voulons être du côté des dominants, et pour cela, nous n'avons pas d'autres moyens que de contrôler, par la force, certaines sphères de circulation, et de nous faire reconnaître comme porteurs d'une culture propre et créatrice : tags, musique. »

Enfin, la dernière forme d'adhésion à la société capitaliste se manifeste par la conformité. Il s'agit de ressembler le plus possible à un bon ouvrier français. Cette stratégie nécessite comme les deux premières, tant moralement qu'économiquement, une rupture avec la communauté d'origine. Elle peut aller jusqu'à une demande de naturalisation. Elle est mise en œuvre par des émigrés qui sont en France depuis plusieurs années, qui ont eu accès à une formation et par là même ont quelque espoir d'ascension sociale, qui se sont mariés la plupart du temps avec une femme noire, les mariages avec des Blanches sont peu fréquents. Ils optent pour la famille mononucléaire plus compatible avec un certain standing, même s'ils n'ont pas abandonné l'islam. Ils vivent en HLM, ont peu d'enfants, veillent à leur scolarisation. Ils sont souvent syndiqués. L'argent qu'ils envoient encore au village est fonction de leur budget en France. Ils abandonnent le boubou, enfouissent leurs souvenirs, font taire leurs remords à l'endroit de la communauté soninké.

Toutes ces conditions, stabilité de l'emploi, accès à un HLM, à une formation, monogamie sont rarement atteintes, d'autant moins qu'elles contredisent la définition officielle de la place de l'immigré, de son statut en France. Cette tentative de se dissoudre dans la société française, d'être au plus proche de la norme est plus souvent source de malheur qu'assurance de réussite. Parcours d'individus, tout au plus corrode-t-elle la communauté, affaiblit-elle la famille et par voie de conséquence le village, en aucun cas elle ne représente une voie. Elle ne peut être qu'un choix individuel.

Bien évidemment, il s'agit là de figures types. Dans la réalité il existe des figures intermédiaires, la référence à l'adhésion à un système étant toujours déterminante, la rupture avec la société d'origine n'étant pas toujours aussi catégorique que celle décrite plus haut.

Ainsi une catégorie de petits entrepreneurs va trouver place dans la société française ou malienne grâce aux opportunités offertes par la communauté. Déménageurs, transporteurs, garagistes, certains commerçants vont greffer leurs activités sur les besoins ou les charges des immigrés. En ce sens ils se doivent d'entretenir de bonnes relations avec la communauté. Pourtant, ils ne peuvent prospérer ou tout simplement exercer leur métier durablement qu'à la condition d'avoir rompu avec la dépendance familiale et de rentrer dans des rapports marchands avec « leurs frères », que ce soit en France ou au Mali. En aucun cas ils n'envisagent de retourner vivre dans leur village [3].

Le refus du changement

Tout autre est la stratégie de ceux qui ne considèrent le séjour en France que comme un détour nécessaire à la préservation de la communauté domestique. Méfiants quant aux charmes de la société de consommation, ils accumulent dans l'espoir de remplir dignement leur rôle d'aînés. Cette position n'a de sens que si elle est partagée par l'ensemble des villageois en France. Aussi n'est-il pas étonnant qu'elle ait donné lieu à des organisations dont la vocation est de maintenir un lien étroit avec le village, notamment sous la forme du respect de son ordre, de ses valeurs. Les

3. C. Quiminal [1987].

caisses, nous l'avons dit, sont les organes de contrôle social des communautés villageoises en France, elles entretiennent la cohésion de la communauté autour de l'idée qu'en dehors d'elle point de salut. Y participer est obligatoire tant par les cotisations que par la présence aux assemblées générales — les retards, les absences sont sanctionnés par des amendes. Cette obligation est tempérée, acceptée grâce aux réelles solidarités mises en place. La reproduction de l'ordre villageois, sans doute parce qu'il est plus menacé, est parfois plus rigide que dans le village même.

La tradition, version révisée par les besoins de la situation en France, « est élevée à la hauteur d'argument [4] ». Tous doivent la respecter. La distinction nobles/anciens captifs, sans doute au nom d'une tradition plus authentique, justifie et réactualise la division des tâches, alors qu'au village « les esclaves peuvent tout faire... sauf oublier qu'ils sont des esclaves [5] ».

Ces caisses sont l'instrument privilégié du pouvoir de ceux qui, à juste titre, sont appelés les anciens par les contestataires internes, qui, eux, représentent les jeunes et ce, quel que soit l'âge des uns et des autres.

Force organisée, les vieux représentent la continuité, ils sont forts de l'histoire passée de la communauté et de l'arrière que représente l'organisation villageoise. Ils n'ont d'autres projets que le maintien de la situation actuelle, la reproduction de la communauté domestique grâce à un système de dépendance dont les immigrés doivent faire partie. Lorsqu'ils deviennent chef de Ka, ils quittent la France entre 45 et 50 ans, un autre membre de la famille les remplace. Ces départs obligatoires pour le maintien de l'ordre au

---

4. G. Lenclud [1987].
5. Un Dukure, cité par E. Pollet et G. Winter [1971].

village, après vingt ou trente ans de travail, sont contradictoires avec l'obtention d'une retraite convenable. Perdre ses droits, abandonner le salariat pour retourner au village, est bien le signe d'un choix.

Cet avenir, cependant, ne sourit pas à tous. Pour des raisons multiples, qui ne recouvrent pas seulement des questions de statut ou de place au sein de la hiérarchie villageoise et familiale, mais concernent la vie au village dans tous ses aspects, absence d'infrastructure, obligation d'être paysan, les « jeunes » vont à l'intérieur, ou à l'extérieur des caisses développer une autre position.

Alors que les vieux ne considèrent leur séjour que comme une parenthèse, qu'ils n'ont d'autre souci que de préserver leur intégrité, leur identité villageoise, ils n'apprennent pas à lire et à écrire, tout juste le français, les jeunes, au contraire, vont tenter d'utiliser collectivement la double expérience, la double appartenance qui est la leur. Soucieux d'échapper à une crise morale qui les guette au sens où Gluckman entend ces termes : « Situation dans laquelle les règles et valeurs sociales différentes mais considérées comme également importantes poussent les individus à des actions opposées », ils vont chercher des solutions collectives, à l'échelle d'un ou plusieurs villages, leur permettant d'assumer à la fois le fait d'être fils de paysan soninké et celui d'être ouvrier dans une métropole capitaliste. Cette tendance dynamique, porteuse de nouveaux syncrétismes, à la recherche de ce que l'on pourrait appeler une transition, une alternative, a une histoire, celle du refus de la situation d'immigré en France, celle de l'opposition aux vieux.

Dans les années 70 [6] les structures hiérarchiques qui prévalaient dans le fonctionnement des caisses s'inspi-

6. *Cf.* chapitre V.

raient largement des structures villageoises. Les caisses étaient entre les mains de chefferies qui en confiaient la gestion à leurs conseillers. L'aspect démocratique des assemblées générales était formel, même lorsque le droit de parole s'étendait à tous, les paroles n'étaient pas égales. L'approbation générale n'était que la confirmation, voire le renforcement du pouvoir incontesté pour ne pas dire incontestable du chef. Malgré une égalité au regard des cotisations le chef de caisse décidait du bon usage des sommes recueillies, en accord avec le chef du village. « Cet arbitraire des détenteurs de caisses, et cette absence de démocratie se manifestent pleinement à travers les nombreuses " histoires " de détournement de fonds, et le désintérêt croissant des jeunes pour le système des caisses [7]. » Les jeunes, lorsqu'ils s'intéressent à la chose publique, sont plus à l'aise dans des structures plus souples et surtout plus en rapport avec la société française. Pour eux, une ouverture sur la société française — participation aux syndicats ou aux comités de résidents — signifie respectivement indépendance ou marge de manœuvre par rapport aux structures reproduites par la communauté villageoise en France.

Il aura fallu vingt ans pour que, forts de telles expériences, forts des conflits entre nobles qui ont ébranlé la confiance des membres de la communauté quant à la capacité de leurs chefs à conduire leurs affaires, déçus dans leurs tentatives pour être reconnus au moins par le prolétariat français, vingt ans pour que les individus les plus dynamiques s'investissent dans la direction des caisses. Ils vont dès lors tenter de leur donner un autre contenu, un tout autre fonctionnement. Les nouveaux leaders vont assurer à

7. *Cf.* Michel Samuel [1978].

la fois les changements dus à vingt ans d'une vie ouvrière et les liens avec leur passé.

Parcours des nouveaux leaders

Arrivés en France dans la fin des années 60, ils sont là depuis vingt ans et plus. Ils savent tous lire et écrire le français et parfois l'arabe soit parce qu'ils ont été scolarisés (dans les écoles coraniques ou laïques) au pays, soit parce qu'ils ont appris en France. Ils parlent au moins trois langues : soninké, bambara ou peul, français. La possession d'une deuxième langue africaine est le signe tout autant que la condition d'une liaison avec les habitants des foyers. Dans les assemblées générales, si l'on veut se faire entendre, il faut être capable de traduire ses propres propositions. Ils sont mariés mais leur femme est restée au village. Ils ont suivi une ou plusieurs formations. Ils ont participé à des luttes d'usines ou de foyers. Ils connaissent bien les rouages de la société française.

Sow a quarante-deux ans. Il est arrivé en France en 1971. Il a mis à profit les deux années qu'il a passées au sanatorium, après avoir contracté la tuberculose dans un logement insalubre de la rue de Charonne, pour suivre des cours d'alphabétisation. Il ne savait ni lire ni écrire en arrivant. Ensuite il a travaillé deux ans dans une usine de montage électrique. Par chance, dit-il, il est licencié, une formation d'électricien lui est proposée à l'issue de laquelle il trouve du travail dans une usine de peinture. La majorité des ouvriers qui travaillent dans cette usine sont des immigrés. Il est élu représentant syndical, CFDT. L'usine fait faillite. Après quelques semaines de luttes infructueuses contre les licenciements, il est à nouveau au chômage. Il décide de suivre une formation au GRDR [8]. Elève assidu, il devient lui-même formateur. A l'origine d'un projet inter-villageois il se rend compte qu'il a besoin d'améliorer ses capacités de gestionnaire et suit des cours de gestion. Il obtient le diplôme de l'Ecole de Reims. Et comme il juge utile de maîtriser les méthodes modernes pour creuser les puits, il occupe ses vacances à préparer un diplôme d'artificier. Après s'être lui-même alphabétisé en soninké, il donne des cours d'alphabétisation en soninké à ses covillageois. Il est responsable du comité de résidents du foyer où il habite. Il dirige un projet inter-villageois, regroupant sept villages.

Diadié a été scolarisé jusqu'à la troisième à Embidedy situé à dix kilomètres de son village, à vingt kilomètres de Kayes. Il parle quatre langues : peul, bambara, soninké et français. Le modibisme ne l'a pas laissé indifférent. Il fait partie du mouvement des Pionniers où il reçoit une éducation politique. Il est farouchement anticolonialiste. Il a participé avec un certain enthousiasme aux mobilisations pour la construction de routes. Il n'ignore rien des principes du socialisme lorsqu'il arrive en France en 1968. Dès sa première embauche dans une blanchisserie, il se trouve à la tête d'une lutte contre une patronne qui profite du fait que la majeure partie de ses ouvriers sont noirs et sans papiers pour refuser de les payer. Il entre à cette occasion en rapport avec une organisation maoïste dont il deviendra le compagnon de route. Il se tient au courant de la politique au Mali, mais également en Chine (Révolution culturelle), il étudie les textes de Mao Tsé-toung. Très actif dans la lutte des foyers, il devient responsable d'un comité de résidents. Il a une capacité remarquable à établir

8. GRDR. Groupe de recherche et de réalisations pour le développement rural dans le tiers monde.

des relations aussi diverses que durables. Il compte aujourd'hui parmi ses amis tant des Français que des Africains de toutes catégories sociales : notables, travailleurs sociaux, ouvriers, intellectuels, médecins, juristes, architectes. Il utilise avec une diplomatie consommée ce petit « capital social » qu'il s'est inlassablement constitué. Toute situation dans laquelle il se trouve impliqué est l'occasion d'élargir ce capital.

Manœuvre à son arrivée, il a suivi deux formations, une pour obtenir un CAP de tourneur, l'autre, la dernière en date, de technicien en maintenance électronique. Il est élu au Comité de résidents de son foyer. Il a d'importantes responsabilités dans l'association villageoise que les ressortissants de son village en France ont mise sur pied.

Kamara appartient au clan maître de la terre et pouvant prétendre à la chefferie du village. Sa famille manifeste encore aujourd'hui son hostilité au colonialisme, rappelant en toutes occasions les souffrances infligées aux villageois lors des travaux forcés, les pertes de la famille durant la Seconde Guerre mondiale — l'oncle de Kamara est mort des suites de ses blessures sans que le droit à une quelconque indemnité fût reconnu à la famille. Dès son arrivée en France, il suit des cours d'alphabétisation qui sont dispensés dans le foyer où il habite (rue Saint-Denis). Il travaille à la chaîne dans une usine automobile. A la faveur d'un conflit, il adhère à la CFDT, il se renforce dans ses convictions anti-impérialistes en militant dans un Comité Viêt-nam, puis à Révolution Afrique. Impliqué dans la lutte pour le relogement des habitants de la rue Saint-Denis, il devient président du comité de résidents du foyer où les cent vingt locataires ont obtenu d'être relogés. Licencié économique, il a suivi avec succès des cours pour l'obtention d'un CAP de mécanicien. Il fait partie des

« jeunes » qui ont su contre les anciens rallier le village au projet de construction d'une école.

Diadié, Sow et Kamara sont tous les trois mariés. Ils ont des enfants, ils n'envisagent pas de faire venir leurs familles. Ils sont à l'initiative de projets villageois et gèrent avec ténacité, lucidité et patience les contradictions que de tels projets soulèvent dans la communauté. Leur prestige et donc leur possibilité d'agir viennent de leurs compétences, de leurs capacités à se mouvoir efficacement dans les deux systèmes. Appartenir à une famille noble peut faciliter certaines négociations mais n'est pas une condition nécessaire. Diadié est d'origine captive. La distinction désormais opérante est celle entre les anciens, « vieux » et les jeunes. Tous les trois ont pris position, dirigent le clan des « jeunes » contre celui des vieux.

D'une mosquée à l'autre

Au début de l'émigration vers la France (1962-1963), il y avait une seule caisse pour tous les ressortissants de la région de Kayes. Elle assurait l'animation d'un réseau de solidarité. Les cotisations étaient faibles (5 F par mois) mais suffisantes pour répondre aux charges inattendues auxquelles un individu seul, en France, ne pouvait répondre. La demande du village n'était pas encore constituée, le nombre d'émigrés par village étant très restreint (deux ou trois).

C'est avec l'augmentation globale et par village du nombre d'immigrés, avec la multiplication des problèmes auxquels ils doivent faire face que les caisses villageoises vont naître ; elles vont assurer le rapport avec le village, laissant le soin aux comités de résidents d'assurer l'organisation de la vie quotidienne en France. Dès lors qu'un nombre suffisant d'émigrés d'un même village se retrouve en France, c'est par le biais du système des caisses villageoises que s'organisent les liens avec le village. Lien financier, la caisse répond aux demandes exprimées par le conseil de village (*cf.* chapitre VI), lien moral, la caisse garantit la permanence de l'ordre villageois en France. Payer des cotisations, c'est affirmer qu'on demeure un fils du village, c'est contester l'attribut négatif de « France-men » dont les émigrés sont souvent affublés. C'est refuser la position de traître, de coupable, représentation d'autant plus répandue qu'elle justifie les pressions, les demandes. Si telle est bien la signification pour tous de la construction d'une mosquée, la justification de cotisations parfois élevées (3 000 ou 4 000 F), certains peuvent en attendre autre chose.

A Diataya, il n'y avait pas comme dans beaucoup d'autres villages de la région de lieu pour la prière du vendredi. Impulsée par le chef de caisse, un Syssoko, décision est prise de cotiser afin d'offrir une mosquée au village. L'accord est unanime autour d'un tel projet mais les motifs des uns et des autres ne sont pas les mêmes :

— Un Syssoko : « C'est une marque qui dure, qui s'affiche dans le village et par rapport aux autres villages. »
— Un Bidanessi : « Là-dessus on est tous obligés d'être d'accord. »
— Un jeune d'origine captive : « On nous critique trop au village comme des bons à rien, des Toubabs. Il faut faire quelque chose et une mosquée personne ne peut nous la reprocher. C'est pas comme les transistors. »
— Un jeune noble : « Parce que moi, c'est déjà une aventure par rapport à la famille, c'était son temps de faire une organisation collective du village. »

— Un noble : « Ça renforce le respect des jeunes à l'égard des vieux. Ça les oblige à faire des économies. »
— Un marabout du village n'ayant aucune allégeance à l'égard d'un clan particulier : « C'est important que le village ait une belle dyume (de l'arabe *al dyume,* vendredi). »

Inscription dans l'espace, unité, prestige, réaffirmation de la nécessité de respecter les « vieux », possibilités de trouver un autre interlocuteur que la famille, l'unité du projet ne semblait pas menacée par la diversité des intérêts. L'argent est réuni. Cependant la mosquée n'est pas construite. Un conflit entre les nobles paralyse toute l'entreprise. Il s'agissait de savoir à quelle famille la mosquée serait rattachée. Un non-dit au niveau de la communauté, connu de tous, âprement discuté entre les Sissoko et les Bidanessi va bloquer le projet. Le conflit ira jusqu'à l'appropriation des fonds par l'un des clans. La querelle dure deux ans. Les jeunes vont tenter d'y mettre fin. Il leur faudra deux ans encore.

Ils ne peuvent bien évidemment pas demander des comptes aux anciens. Il leur faut quelque peu déplacer le terrain. Forts de l'intérêt de tous à la construction d'une mosquée, ils vont organiser la collecte de nouvelles cotisations. Un à un, ils contactent les deux cent sept ressortissants du village moins ceux qui appartiennent à l'une des deux familles en conflit, les convainquent de l'opportunité de leur démarche. Les jeunes regroupent alors quatre classes d'âge plus le marabout dont l'objectif se limitait à la construction de la mosquée. Les fonds réunis, ils convoquent une assemblée générale comprenant « les vieux ». Ils mènent la réunion, bien que ça ne soit pas un rôle qui leur soit reconnu, avec une habileté consommée.

Dans un premier temps ils ouvrent le débat sur l'intérêt ou pas de construire une mosquée. Ils laissent, entre autres, les vieux largement s'exprimer à ce sujet. Ces derniers réitèrent leur approbation. Ensuite les jeunes s'adressent aux « vieux ». « Si vous avez de l'argent encore, mettez-le (celui de l'ancienne caisse), sinon voici l'argent, on vous délègue pour le gérer. Il faut que le projet aboutisse. Quels que soient les frais, on s'en charge. Vous avez été choisis par les jeunes comme délégués pour gérer l'argent. Nous, on est là pour la réalisation des choses. » Au village ils réussissent à mobiliser les jeunes qui auparavant se sentaient peu concernés par le conflit entre les deux clans. Ils les mobilisent sur l'idée qu'il s'agit d'une réalisation des jeunes.

Un jeune particulièrement actif dans l'élaboration de cette stratégie commente : « L'argent c'est nous. Ce à quoi il est utilisé, c'est nous, le nouveau pouvoir est arrivé avec l'argent. » « Après ça, si les choses vont mal entre les vieux ça veut dire que notre existence est inutile. »

La mosquée a été construite. On l'appelle « la mosquée des jeunes », au village.

Les nombreux conflits que traversent les caisses ne se soldent pas tous par de telles solutions. Mais à partir du moment où la caisse ne sert plus uniquement à répondre aux demandes du village mais également à la réalisation de projets conçus en France, s'ouvre un espace propice à la construction et à l'expression d'une nouvelle force sociale ayant capacité d'intervention dans le village : les émigrés. Quel que soit le projet, mosquée, puits, périmètre irrigué, école, quelle que soit l'origine sociale des initiateurs, un projet concernant toute la communauté villageoise en France et pour lequel chacun cotise à part égale introduit une dynamique subversive quant à l'ordre villageois. L'avenir de cette subversion n'est en rien assuré.

Les anciennes forces n'en sont pas pour autant anéanties. Elles tenteront soit de détourner le projet en se l'appropriant, soit de s'y opposer ; elles peuvent aussi s'y rallier. Dans tous les cas de figure — succès, échec, détournement — la force émigrée est concernée. Dès lors qu'elle se met dans la position de faire quelque chose, collectivement, pour le village, à son initiative, elle dérange la hiérarchie, elle ouvre des conflits. Elle ne peut les gagner que si ses propositions traduisent l'unité de la communauté en France, apparaissent comme alternatives possibles au village. Elle est faible de ses contradictions en France, de l'ordre soninké au village. Ce processus n'est pas un phénomène isolé, mais une étape dans le processus migratoire des Soninké, largement déterminé par le salariat et les conditions de vie en France. Rares sont les villages qui n'ont pas leur association d'émigrés. Les facteurs qui ont présidé à la constitution de nombreuses associations d'immigrés sont multiples. Ils sont tous cependant liés à la crise dans ses divers aspects.

Les immigrés au cœur d'une double crise

La crise dans la région de Kayes ne fait que croître tant du point de vue économique que social. Absence de l'Etat, incapacité des familles à assurer sur leurs propres récoltes la survie de leurs membres, le recours à un apport monétaire extérieur devient de plus en plus important. Le nombre des absents ne cesse de croître. En France, dans le même temps, la crise économique resserre les espaces ouverts de travail et d'accès au salaire ; la crise politique, avec le développement du racisme, resserre les espaces d'insertion.

Au cœur de deux crises, homme de deux espaces, l'immigré en supporte les conséquences contradictoires : une demande monétaire à son égard de plus en plus forte, des possibilités offertes à son exil de plus en plus aléatoires. Au village, plus le besoin d'argent est grand, plus il faut de départ, plus il y a d'absents, plus les récoltes sont insuffisantes, plus il faut d'argent, etc. Dans la région de Kayes, chaque village compte en moyenne cent émigrés, pour la plupart vivant dans des foyers de la région parisienne.

Sortir de cette impasse est pour ainsi dire impossible individuellement. Les structures associatives se sont imposées, comme moyen non seulement de résister à la crise, mais de transformer des facteurs de misère, de faiblesse en facteur de force, en jouant sur le différentiel des deux espaces. Ce qui n'était qu'absence au village va devenir regroupement des forces en France. L'exclusion, l'absence de place en France va impliquer un déplacement du lieu possible d'intervention de cette force vers le village.

Alors que tout est fait par la société française pour que les immigrés ne puissent se penser comme des hommes de la modernisation, certains espaces leur permettent de se représenter comme des hommes du « développement ». En effet l'idéologie de la modernisation, avec ses pratiques de licenciements et son insistance sur la nécessité d'une formation de haut niveau (des ouvriers bacheliers), alliée au racisme, a convaincu un grand nombre d'ouvriers africains noirs de ce que la modernité n'était pas pour eux.

« Autrefois on venait nous chercher, maintenant on nous jette. On occupait les places vides. Aujourd'hui les places vides, elles sont trop haut pour nous. »

« J'ai fait partie des 3 000 O.S. qui ont été licenciés en 1983, on nous a dit que l'usine allait être modernisée et que, par conséquent, il fallait se séparer de ceux qui étaient incapables de maîtriser les techniques modernes. On a refusé et ça a été le conflit que vous connaissez. On a gagné sur la formation. Moi j'ai obtenu d'y aller. Chez nous il y a un proverbe qui dit : " Recherche la connaissance du berceau au tombeau. " La première chose qu'on m'a fait faire, c'est des visites dans la nouvelle usine automatisée. Là où il y a des robots. Mais là, m'a-t-on dit, c'est pas pour les immigrés. Ils insistaient sur les endroits les plus informatisés. A la suite des visites le nombre des candidats au retour a doublé. La prime, c'était plus sûr. Ensuite j'ai passé des tests. Je les ai eus mais j'ai été perdu quand les cours ont commencé. Il y avait des cours d'algèbre et de trigonométrie... J'ai vu que la France c'était trop difficile... Je suis resté... mais il n'y a plus d'avenir pour nous ici... Il faut se dépêcher de faire quelque chose chez nous avec ce qu'on a appris ici. Là-bas, c'est pas trop tard et il y a mes enfants. Si on ne fait rien ils auront encore plus de retard que nous. »

Produire et vivre au pays

En 1975, un groupe de militants de l'ACTAF (Association culturelle des Travailleurs Africains en France) [1] lance l'idée du « retour créateur ». Ils seront les premiers à tenter l'aventure.

« En France on faisait de l'animation dans les foyers. On voulait que les Africains connaissent l'Afrique, se connaissent et s'entraident mais aussi qu'ils s'adaptent à la vie moderne.

« Il n'y avait pas que l'Afrique qui nous intéressait.

1. L'ACTAF est créée en 1971 à l'initiative de quelques immigrés proches des syndicats et/ou de groupes politiques PCF, maoïstes.

On soutenait les luttes de libération nationale avec des chaussures et des médicaments. Puis est venue la sécheresse et avec elle une grande demande de sous des parents. Alors nous avons décidé de faire quelque chose pour l'Afrique, de retourner en Afrique pour donner à la terre. Nous voulions prouver qu'il était possible de produire et vivre au pays.

« Au départ, dans l'ACTAF on était une soixantaine à débattre du projet mais quatorze seulement se sont trouvés disponibles, prêts à s'engager.

« Il y avait deux problèmes à résoudre : où l'expérience allait être tentée, parce qu'il y avait des gars de plusieurs nationalités, et comment se préparer ? On n'avait jamais été paysans.

« On a demandé un terrain à trois pays africains : Mali, Sénégal, Mauritanie. Il y a eu une seule réponse du Mali. Un des nôtres, Kamara Touré, qui s'est tué en 1984 en moto, a été envoyé en mission pour négocier avec les autorités maliennes. Finalement, le gouvernement de Kayes a donné 60 ha ici, au bord du fleuve pour faire l'expérience. C'étaient des terres qui appartenaient au village de Somankidi, mais qui n'étaient pas cultivées. C'est parce qu'ils ont accepté d'être notre village d'accueil que pour les récompenser on a choisi leur nom. Somankidi Koura ça veut dire Somankidi la nouvelle. On leur a aussi construit un dispensaire mais ça ne marche pas... Ils ne se sentent pas responsables.

« Pour l'autre question, nous préparer, on aurait pu dire, on est fils de paysans, c'est pas la peine d'apprendre. Mais même si l'Afrique et l'Europe c'est deux mondes différents, il ne faut pas se contenter de ce qu'on a ici. Il faut apprendre les deux. On a fait un stage avec l'ACCIR, même si ce qu'on a appris chez les paysans français n'est pas applicable ici, on a appris ce qu'était un paysan, ce qui le pousse dans la vie.

Etre paysan, c'est un métier. Ils ne pensent pas comme ça ici.

« En 1976 on a habité à Soumankidi Koura pendant seize mois où on a défriché, construit les maisons mais avant qu'elles ne soient terminées les pluies sont arrivées et il n'y avait rien ici avant. On s'est installés à Samé en face.

« Pendant deux ans la terre n'a rien donné en hivernage à cause du manque de pluie. En contre-saison, ça marchait bien, on avait des tomates, du gombas, des aubergines, des pommes de terre, du piment, du maïs. Ce n'est pas suffisant, s'il n'y a pas de céréales. Alors on vivait sur les fonds de l'ACCIR et de la CIMADE, plus les cotisations de départ, 3 000 F par personne. Pourquoi on criait à la sécheresse malgré la pompe ? Parce que le terrain était très accidenté et on avait juste deux hectares de canaux. On ne pouvait faire de céréales sur le terrain d'irrigation... »

Le groupe des quatorze Africains qui décide de tenter cette expérience est un groupe de militants politiques. Leur projet n'est pas simplement un projet économique, ils ont des ambitions politiques. Ils présentent leur entreprise comme une solution à l'émigration. Comme en écho à l'appel de Che Guevara, « un Viêt-nam, deux Viêt-nam », ils entendent se constituer en exemple pour que fleurissent de nombreux périmètres irrigués. Avant de partir ils prennent soin de diffuser largement un tract « Migration : quelle solution ? » où ils expliquent le sens de leur action.

« Notre objectif pour 1977 est de défricher et irriguer une vingtaine d'hectares. Mais la plaine de Somankidi offre 600 ha avec de grandes possibilités en double culture. Sa valorisation sera faite par nous et d'autres groupes dans les années à venir, après la construction de la grande digue de Manentali. »

Il s'agit de démontrer que la vie en Afrique est possible à certaines conditions (coopératives). Ces conditions s'expriment dans la forme communautaire qu'ils donnent à leur organisation. Ils la définissent ainsi : « une communauté agricole dont le capital et la ferme sont propriété commune et indivisible des participants. Entre les membres de la communauté existe un rapport de stricte égalité au sens où tous les travailleurs sont complémentaires et d'égale valeur et où il n'existe aucune discrimination d'un secteur de production par rapport à l'autre ni d'un individu à l'autre. La rémunération des membres se fera sur la base des bénéfices nets réalisés et chacun recevra un salaire égal sans distinction de fonction [2] ».

Quelque peu idéaliste et volontariste, ce projet va rencontrer dans sa réalisation tous les obstacles qu'il pensait éviter en faisant table rase du passé. Coopérative multinationale, elle devait mettre en évidence combien les discours sont artificiels. « L'unité réelle de l'Afrique se fera non avec les discours mais à travers les efforts conjoints conséquents et continus de tous ses fils [3]. »

Lors de notre enquête, les participants qui n'étaient pas maliens avaient quitté la coopérative. L'absence de liens avec le village, avec les familles devait leur permettre une certaine autonomie. Ils n'évitèrent cependant pas les problèmes à propos des terres, le problème du rapport avec leur famille, à qui il fallait malgré tout continuer à envoyer de l'argent, avec le village d'accueil qui s'inquiétait devant une utilisation non contrôlée de l'eau du fleuve.

Il n'en reste pas moins que ce projet joua un rôle important quant à la multiplication des associations

2. D. Barazzeti [1987].
3. Projet de retour ACTAF.

villageoises. Il est à l'origine, déjà, du regroupement de plusieurs d'entre elles au niveau de la région de Kayes : l'URKAK. Cette association se propose de penser les projets, non plus au niveau du village, mais de l'ensemble de la région. Elle prend en compte non seulement les besoins des populations, mais leur capacité à les satisfaire. Il ne suffit pas de produire des tomates, encore faut-il pouvoir les écouler, ce qui nécessite des moyens de transport adéquats, des routes, une production maîtrisée ne dépassant pas les capacités d'achat des éventuels consommateurs. Malgré toutes les difficultés rencontrées, et notamment celle de son autonomie financière, l'expérience de Somankidi Koura demeure une référence. Grâce aux échanges d'expériences qui font l'objet de nombreuses réunions en France, grâce aux enquêtes menées par les initiateurs de projets lors de leur séjour au pays, les réalisations des uns vivent, se corrigent, s'enrichissent des réalisations des autres.

Gagny est un des exemples les plus frappants de la volonté des émigrés de maîtriser le processus de transformations villageoises dans lequel ils se sont engagés. Attentifs aux problèmes que leurs initiatives risquent de soulever au sein du village, soucieux de bénéficier de l'expérience accumulée par d'autres, ce sont eux qui nous ont demandé de mettre sur pied une équipe de recherche à laquelle ils participent activement afin de comprendre, au plus près, le passé dont ils héritent, l'avenir qu'ils tentent de dessiner.

« Notre problème, c'est comment intégrer ce qui est devant la porte sans une bousculade qui détruise tout. La nouveauté, d'accord, mais pas à n'importe quelle condition. Quand toi, tu te comportes en Européenne, ta société est derrière toi, si un Africain se comporte comme un Européen dans son village, il a rien derrière lui. »

CHAPITRE VIII

UNE AFFAIRE DE VILLAGE

> « Qui veut devenir dragon doit manger beaucoup de petits serpents. »
>
> Proverbe chinois.

Gagny est un gros village de 2 000 habitants situé au bord du fleuve Sénégal à une trentaine de kilomètres de Kayes. Il est considéré comme un des plus vieux villages de la région. Son ancien nom était Guémou, son nom actuel est celui d'une petite captive de descendance noble, originaire de Tiabou. Sur les cinquante villages du Guidimaka, quarante sont issus de Gagny. Sa devise est depuis des temps fort reculés : « Chacun doit manger à sa faim, nul ne doit accumuler des richesses sur le dos des autres. » Hamedy aime son village et c'est avec acharnement qu'il tente de le comprendre, d'en refaire l'histoire, moyen d'y conserver des liens qui lui conviennent [1]. Insatiable,

1. Hamedy Diarra est responsable d'un comité de résidents et du processus de transformations villageoises. Après plusieurs années d'interventions à Gagny, conscient de la difficulté de mener à bien de telles interventions, il a souhaité se joindre à notre groupe de recherche dans lequel il a joué un rôle

à Gagny comme à Paris, il ne cesse d'interroger les anciens. Ainsi recompose-t-il l'histoire :

« Avant ce Gagny qui est le troisième, il y avait des conflits dans et entre les familles régnantes, mais à chaque fois des structures étaient là pour les juger et que la force de la communauté villageoise ne soit pas ternie. Les conflits se sont toujours réglés de manière interne. Historiquement, l'unité du village a toujours été considérée comme très importante. Par rapport à d'autres villages, les gens aspirent à une coexistence et une forme de solidarité plus grandes. Notre devise exprime qu'à Gagny on ne sera pas malheureux, qu'il n'y en aura pas un qui sera malheureux et un autre qui accumulera les richesses et ainsi on sera toujours respecté. Le village a toujours eu une capacité d'organisation par rapport aux problèmes concrets qui se posaient, et quand un type d'organisation chute il y en a une autre qui la remplace. »

Cette représentation actuelle de Gagny est partagée par la plupart des immigrés de Gagny en France. C'est avec elle qu'ils pensent leurs interventions. Elle traduit le souci commun à de nombreux dirigeants de projets d'inscrire leurs initiatives dans la continuité de l'histoire des villages. En elles-mêmes, les formes d'organisation qu'ils proposent sont nouvelles, mais il n'est pas nouveau que pour faire face à des problèmes inédits le village ait recours à de nouvelles instances de pouvoir. Se doter d'institutions capables de répondre aux nécessités du moment, ce n'est pas se situer en rupture avec l'histoire, c'est la continuer. Choisir de mettre en avant l'unité, un consensus fort, comme caractéristique de l'histoire politique de Gagny,

---

extrêmement actif et positif. Il a accompagné la plupart de nos enquêtes en France comme au Mali. C'est dans ce cadre qu'il a rédigé le texte dont nous citons de larges extraits tout au long de ce chapitre.

n'est certes pas innocent. Pour les immigrés, acteurs de projets, cela répond à leur recherche actuelle de légitimité. Construire, s'appuyer sur de telles images est un défi aux anciens, un défi à eux-mêmes quant à leur capacité politique.

Avant, les jeunes qui « voyageaient » avaient une forte propension à oublier Gagny.

« Les premiers émigrés de Gagny sont arrivés en 1958, il est difficile de préciser leur point de chute tant les conditions d'accueil étaient difficiles. Problèmes de logement, de communication, d'adaptation, etc. Accueillis par des anciens combattants ou des anciens marins convertis dans d'autres domaines d'activités, ils étaient moins concentrés, chacun avait presque son histoire particulière. Mais ils avaient tout de même un lieu de rencontre : des centres d'hébergement pour manger ensemble et échanger des nouvelles ou rencontrer de nouveaux arrivants, tantôt à Puteaux (92) tantôt à Paris dans le XIXe (rue Petit). De 1960 à 1970, au moins cinquante pour cent de ceux de Gagny en France n'avaient rien à voir avec la communauté ici, pleins de jeunes n'avaient plus aucun rapport avec le village, ils n'envoyaient aucune nouvelle. Lorsque la sécheresse a propulsé les gens vers l'immigration, les choses ont commencé à changer. »

Aujourd'hui le nombre d'hommes adultes originaires de Gagny, travaillant en France, est de cent personnes dont vingt-cinq vivent avec leurs familles. Les plus vieux ont 60 ans, les plus jeunes 18 ans. Ils sont tous ouvriers. Ils sont regroupés dans trois foyers pour ceux qui n'ont pas leurs épouses en France et dans deux cités HLM pour les familles. Pour tous, le lien avec le village est une préoccupation constante.

Deux pirogues, une mosquée

La première intervention collective en direction du village date de 1970. Cette initiative est unique en son genre à l'époque. Convaincus qu'il fallait faire quelque chose pour améliorer l'image que les villageois leur renvoyaient d'eux-mêmes, les émigrés de Gagny décidèrent d'offrir deux pirogues au village. La voie fluviale est la seule praticable pendant l'hivernage. Les pirogues devaient permettre le transport des marchandises et la traversée des passagers. Des cotisations furent prélevées, les pirogues acheminées jusqu'au village. Elles correspondaient à un besoin réel des villageois mais, comme le précise Hamedy, « la nécessité ne commande pas seule ». En raison du manque de contrôle, de l'absence d'entretien, les pirogues furent rapidement inutilisables et inutilisées. L'opération était ratée, elle n'avait pas amélioré la vie des villageois, ce qui était l'objectif visé. Elle consacrait la distance entre les habitants du village et ses fils émigrés. Pour ces derniers, c'était un signe de ce que les villageois étaient négligents, incapables de se prendre en charge. De leur déception ils ne conclurent pas à l'impossibilité de se faire entendre au village.

En 1976, un nouveau projet voit le jour. La mosquée, la première de tout le Guidimaka, construite en 1947, lors de la venue de la célèbre famille de marabouts, les Doukouré, avait besoin de travaux importants. Les émigrés, estimant que la réfection de la mosquée devait recueillir l'adhésion unanime du village et affirmer symboliquement leur présence, décident de prendre en charge collectivement la totalité des frais. Une cotisation forfaitaire fut établie, les fonds collectés.

« A l'époque il y avait plus de cent personnes ici, on peut imaginer l'importance des sommes réunies. »

Ce projet avait l'avantage aux yeux des intéressés de ne pas introduire au village de nouvelles pratiques sociales. Il ne demandait pas de suivi ou de compétences particulières, contrairement à l'introduction de la pirogue. Il devait simplement manifester l'unité des émigrés, leur capacité d'intervention positive au village. Pourtant, le projet avorta une fois encore. Parmi les émigrés, tout le monde était effectivement d'accord, les fonds furent facilement réunis. Au village, par contre, certains patriarches s'opposèrent à l'initiative. Ils y voyaient une appropriation collective des lieux religieux par les jeunes émigrés, toutes origines sociales confondues.

Le village résistait. L'unité dans l'islam était plus facile à réaliser en France qu'au village. La reconstruction de la grande mosquée du vendredi pouvait paraître un choix judicieux. Elle réactiva pourtant de vieilles oppositions. Elle fit peur à ceux qui étaient le plus soucieux de préserver leurs prérogatives.

Respect des anciens

De 1980 à 1982, malgré le veto mis au projet de reconstruction de la mosquée, l'idée d'intervenir, de faire quelque chose pour le village n'a pas disparu des préoccupations de nombreux immigrés. Mais que faire ? Comment s'y prendre pour éviter les écueils déjà rencontrés ? Comment faire accepter au village des initiatives décidées en France par ceux qui l'ont quitté ? Des débats serrés reprennent lors des réunions de la caisse, une par mois... Tous les émigrés de Gagny sont présents. Les individus les plus actifs en France, qui, jusqu'alors, ne s'étaient pas réellement impliqués, commencent à s'y intéresser.

Cinq d'entre eux sont de la même classe d'âge, celle

qui a été envoyée d'autorité à l'école à 10 km de Gagny. Enfants d'une dizaine d'années, ils avaient connaissance des distances qui séparaient leur famille, ils n'en étaicnt pas pour autant insensibles aux liens d'amitiés que les trajets, les quatre cents coups faits ensemble, leur condition commune d'écoliers avaient tissés. Trois d'entre eux étaient fils de nobles, parmi eux, le fils du chef de village, deux, fils de familles d'anciens captifs.

Nouveaux savoir-faire politiques

Les cinq amis, devenus jeunes gens, décidèrent ensemble d'aller en France. Arrivés au moment des luttes de foyers trois d'entre eux, deux descendants de captifs et le fils du chef du village, vont y participer activement et se retrouver à la tête de comités de résidents. Autour d'eux une dizaine d'hommes actifs vont se regrouper. Dans un premier temps, ils ne s'intéressent pas outre mesure à ce qui se passe dans la caisse. Ils se consacrent plus volontiers à des activités plus politiques, plus tournées vers la société française. Peu à peu, devant le manque de succès de leurs efforts en cette direction, ils vont s'impliquer dans la caisse. Bien que mal à l'aise dans cette structure dominée par les anciens, ils ne vont pas la contester frontalement mais tenter, dans un premier temps, d'y faire émerger un point de vue collectif, de le faire entendre. Ils ne contestent pas le pouvoir, la place des vieux, ils l'accompagnent, l'entourent de l'expression démocratique.

Reconnus pour leur capacité à diriger la vie en foyer, quels que soient leur origine sociale, leur âge, leur avis est attendu, entendu. Leur seule présence lors des assemblées générales autorise des prises de paroles défiant l'ordre de préséance jusqu'alors communément respecté. D'autres, dès lors, qui n'auraient pu prétendre à la parole, osent s'exprimer. Ce processus de démocratisation des instances de décision est renforcé par la reconnaissance au sein de la caisse qu'une unité active des villageois en France, autour d'un projet pour le village, doit tenir compte de la multiplicité de points de vue pas toujours convergents. L'unité requise ne peut être le fruit d'une autorité niant les divergences d'intérêt, sinon tôt ou tard elle éclate des conflits délibérément ignorés. Pratiquement aucune caisse n'a échappé à cette confrontation entre l'ordre ancien et l'ordre adéquat à la réalisation de nouveaux objectifs.

Les assemblées générales n'entérinent plus les décisions des patriarches, elles sont lieu de débat sur l'intérêt de telle ou telle réalisation. Cette véritable fronde à l'intérieur des caisses n'est tolérée que grâce à de multiples médiations. Feghi, Touroula, Diataya, Marena, le processus est toujours de même nature : de l'unité autour de l'autorité des anciens à l'unité respectant conjointement les aspirations individuelles et les exigences du projet. Peu à peu, l'autorité des anciens s'avère incapable d'étouffer les aspirations des jeunes liées à leur condition de salariés dans une métropole. En crise, la caisse éclate, soit de nouvelles structures voient le jour comme c'est le cas de Gagny, soit elles conservent leur ancienne appellation tout en changeant de fonctionnement comme c'est le cas pour Feghi.

Diallo de Feghi raconte ses heurts avec la démocratie

— Au début, le projet de F. ne m'intéressait pas. Je cotisais, c'était obligé. Si tu ne paies pas, on te dit rien sur le moment, mais quand tu prends ton billet, tu trouves une lettre à ton arrivée au village. Le village, c'est comme un miroir. Les responsables viennent te trouver et te demandent de payer. Si tu ne paies toujours pas, on t'appelle à la mosquée. Ton père ou toi paieront.

— Pourquoi ça ne t'intéressait pas ?

— Depuis l'âge de six ans j'ai été paysan, maintenant l'agriculture j'en ai peur. Je voudrais être commerçant. Vous avez vu notre situation, on est très coincés là-bas. Si nous venons ici, c'est pas de notre choix, on a laissé notre famille, et ici nous ne pouvons vous montrer que notre fatigue. S'il y a une solution de rester à Feghi pour moi, j'aimerais être commerçant. Ça, au début dans les réunions, je ne pouvais pas le dire. Chaque trois mois, on faisait une réunion avec tous les gens de Feghi. Au début, dans notre famille, il y avait une sorte de respect, c'est moche mais des fois c'est bon. Si mon oncle était présent, je n'avais pas le droit de parler. C'est pourquoi je ne participais pas aux réunions, maintenant mes oncles m'ont autorisé à participer. Il n'y a plus de conflits. Laisser parler tout le monde, c'est la seule façon pour qu'il y ait un vrai accord. Maintenant on est calme. Je parle parce qu'il y a beaucoup de gens qui savent que j'ai gagné ma place, que je peux la diriger, je connais beaucoup de choses que d'autres ne connaissent pas et vice versa. J'ai beaucoup voyagé. Je connais certaines façons de vie. Beaucoup de gens ont confiance en moi, j'ai fait mes preuves et ça va.

« Avant les oncles, ils parlaient simplement force. Un jour, il y en a un qui m'a menacé d'un couteau, je n'ai pas regardé, j'ai continué à parler, j'ai pas levé la tête et je lui ai dit : “ Et après, si je suis mort, qu'est-ce qui se passe ? ” Il a rentré son couteau. La force, c'était aussi l'autorité de la famille dans le village. Le oui ou le non, c'était ce que le conseil du village demandait. Par exemple, pour la pharmacie, on a cotisé. Mais ça n'a pas marché. Une majorité avait dit non parce qu'on n'avait pas les hommes pour la faire fonctionner. Mais ceux qui avaient dit non n'étaient pas bien placés. Les oui étaient moins nombreux mais bien placés. Ils l'ont emporté en disant que c'était une demande du village. Le résultat, c'est un échec, la pharmacie est toujours vide, comme ses caisses.

« Les conflits dans la caisse bloquaient tout. Maintenant, chacun peut dire ses idées. Nous voulons tous développer notre pays, mais pas tous de la même manière. Moi, ce qui m'intéresse, c'est le commerce. J'ai lancé l'idée : faire des boutiques à Feghi, à l'extérieur du village, comme un marché avec des places. On calcule le ciment, la tôle. C'est intéressant si on loue les places. La coopérative agricole pourrait vendre ses produits et notre village serait bien placé. Chacun doit connaître sa place et se connaître. Je ne veux pas être chef du projet, celui qui dirige tout a les liens avec l'Etat, j'aime être financier ou vendeur. On en discute. Mais c'est un peu tôt pour mes idées. C'est pour ça que je ne suis pas rentré. Je me sens toujours jeune. Je peux encore trouver des choses ici qui me serviront à moi et à mes enfants. Ce n'est pas pressé d'aller là-bas. » (Dialo fait allusion ici au retour de ceux qui ont mis sur pied, depuis trois ans, une coopérative agricole.)

Aucun projet élaboré par les communautés villageoises en France n'a fait l'économie de ce temps d'apprentissage de nouveaux rapports sociaux. Certains, comme celui de Feghi, prendront corps au sein des anciennes caisses. Un pouvoir parallèle à celui des anciens se constitue alors. Les anciens conservent leur place, désormais de prestige, les nouveaux dirigeants en créeront de nouvelles, celles désignées par les compétences requises pour mener à bien les projets. D'autres ne peuvent émerger qu'à l'extérieur des caisses, c'est le cas de celui de Gagny. Encore faut-il que l'organisation, officieuse dans un premier temps, fasse ses preuves.

Une association pour apprendre la démocratie

Dans les discussions lors des réunions de l'association officieuse de Gagny, deux points de vue s'affrontaient. Les uns étaient pour la construction d'une école, les autres pour l'implantation d'une structure de santé. Finalement, malgré une épidémie de rougeole qui fit de nombreux morts parmi les enfants, l'unité se fait en France autour de la construction d'une école. Cependant certains notables du village s'opposaient au projet bien que la population fût en majorité pour. Il est décidé que lors de leur séjour au village les émigrés devront les convaincre de l'opportunité d'un tel projet.

L'opposition ne datait pas d'aujourd'hui. Depuis plus de cinquante ans les notables opposaient un refus aussi farouche qu'efficace, non seulement aux propositions de construction d'une école à Gagny mais aussi à la scolarisation des enfants. En 1946 tout le village autour des nobles s'était mobilisé contre le projet de l'administration coloniale d'une école à Gagny puis en 1960 contre celui de Modibo Keita.

Lorsque l'Etat français exigeait des recrues issues de familles nobles pour « l'école des otages » de Kayes, ces dernières répartissaient les risques et les charges de préférence sur les familles dépendantes. Cette résistance à l'école explique en partie l'absence de cadres soninké dans l'appareil d'Etat malien.

Les multiples démarches des émigrés lors de leur séjour au village ne réussirent pas à lever les réticences. Par ailleurs, les demandes d'autorisation de construire une école faites à l'Etat ne reçurent aucune réponse. Dans ces conditions, il était inutile de s'engager plus avant. Les éléments les plus dynamiques de la communauté conclurent de cet échec partiel qu'il leur fallait trouver d'autres moyens pour acquérir la confiance du conseil du village.

« L'initiative à elle seule ne suffit pas. Il fallait démontrer notre capacité d'organisation, de contrôle et de direction en France d'abord, comme gage de notre capacité à faire aboutir notre projet quel qu'il soit. En 1982 une association officieuse est créée afin de constituer les bases d'une structure différente de celle des caisses traditionnelles. De nouvelles conditions sont fixées, des sanctions sont organisées en cas d'infraction. Nous coopérons avec une agence de voyages en concluant un accord avec elle nous permettant de bénéficier d'un billet gratuit tous les dix billets. Les bénéfices ainsi réalisés étaient versés à la caisse de l'association. Il faut attendre plus d'un an, jalonné de multiples débats, d'affrontements pour arriver à constituer un fond de 15 000 F déterminant pour la suite et preuve de notre maturité. » (Hamedy.)

S'investir dans les caisses, y animer le débat sans en chambouler les structures de pouvoir est une stratégie que les leaders vont adopter dans la majorité des caisses. Plus remarquable et spécifique à Gagny est la conscience des leaders qu'ils doivent trouver un autre terrain où démontrer leur capacité d'organisation, de direction. Parallèlement à leur activité dans la caisse et au village, ils vont mettre sur pied, en quelque sorte, une association expérimentale. Ils la considèrent comme une association pour apprendre la démocratie, les règles collectives d'écoute mutuelle afin d'obtenir une nouvelle unité. Cette association a pour objectif explicite « d'apprendre à gérer ses affaires collectivement, d'apprendre la démocratie, de constituer les bases d'une structure différente des caisses traditionnelles » (Hamedy).

L'entreprise ne va pas de soi, les uns sont sceptiques quant à la possibilité d'une telle expérience, les autres pensent que ce sera une caisse de plus, peut-être des détournements de fonds, en toute hypothèse une cotisation supplémentaire.

Après réflexion et afin de dissiper doutes et réticences, surgit l'idée des billets. L'association trouvera ses fonds en jouant sur les économies d'échelle que l'achat collectif des billets de retour peut procurer.

Contact est pris avec une agence de voyages qui accepte de délivrer un billet gratuit pour l'achat de dix billets... L'argent ainsi gagné sera utilisé pour faire quelque chose pour le village contre la crise. Cette initiative a l'avantage de ne rien coûter à personne. Elle ralliera, de manière un peu volontariste, il faut bien le dire, la totalité de la communauté. Qui pourrait s'opposer à la constitution gratuite d'un petit capital ? D'une manière qu'ils reconnaissent avoir été autoritaire au début, ceux qui ont lancé l'idée emportent la décision : désormais, tous les habitants de Gagny devront prendre leurs billets par leur intermédiaire. A tout contrevenant une amende sera infligée qui alimentera elle aussi la caisse. En contrepartie, ils s'engagent à mener une gestion complètement transparente, à ne rien décider quant à l'utilisation des fonds en dehors des décisions prises en assemblée générale. Le choix d'une telle initiative permet, en outre, d'engager des discussions sans que le temps presse. Les assemblées générales devaient permettre à chacun l'apprentissage des prises de parole, à tous de se mobiliser sur le choix de l'initiative la plus appropriée.

Si cette position séduit, elle n'entraîne pas immédiatement la confiance de tous. De nombreux problèmes se posent. Qui utilisera les billets gratuits ? Sont-ils aussi valables que les autres ? Peut-on retenir sa place, choisir le jour que l'on veut ?

Afin d'effacer la peur du faux billet, Kamara, un des jeunes à l'origine de l'initiative, s'en servira pour « montrer l'exemple ». Au bout de dix-huit mois, 15 000 F sont accumulés. L'association est reconnue comme « capable » par les ressortissants de Gagny. Le débat reprend dans des conditions bien différentes de celles qui existaient dans la caisse. Que va-t-on faire de l'argent ?

Consensus ici et là-bas

D'un côté, le projet de l'école reste bloqué par l'hostilité de certains patriarches, de l'autre, la pénurie, les difficultés d'approvisionnement sévissent au village. L'association officieuse va faire une double proposition : abandonner le projet de l'école tant qu'il n'y aura pas accord au village et créer une coopérative d'achat pour résoudre les problèmes cruciaux d'alimentation qui assaillent le village. Cette proposition concerne tout le monde. Elle va néanmoins faire l'objet de nombreux débats. Quelles structures ? Quels hommes ? Quelles compétences ?

En France, tous reconnaissent la nécessité de créer une association officielle fonctionnant indépendamment de la caisse villageoise. Une association loi 1901 est créée, elle regroupe tous les émigrés de Gagny en France. Elle a un président, un trésorier, un secrétaire, tous trois choisis au vu et au su de leurs compétences. Elle a pour fonction de mener à bien le projet de la coopérative d'achat tant au regard du village que de l'Etat malien. Elle collecte les fonds et les gère. Elle vérifiera les comptes de la coopérative et sera associée à toute décision concernant l'utilisation des futurs bénéfices ainsi qu'aux décisions concernant l'avenir de la coopérative. Les « commandes » des familles seront envoyées à Paris, soumises pour approbation aux intéressés et agréées par le comité de gestion. Le travail fourni à Paris ne sera pas rémunéré.

Les responsables du projet en France maîtrisent aisément ce genre de tâches. Par contre, au village, il s'agit de pratiques tout à fait nouvelles.

Comment faire pour y associer les villageois ? Personne n'est hostile à la coopérative, sauf peut-être certains petits commerçants, bien qu'aucun ne vive entièrement du commerce. Afin de les rassurer, il est affirmé que la coopérative n'entend pas s'approprier le monopole du commerce et, de plus, entend faire des bénéfices. A condition de respecter une marge bénéficiaire honnête, commerçants et coopérative ne seront en concurrence que sur la qualité.

Cet obstacle levé, l'ensemble des villageois rallié au projet, leur contribution fut obtenue en leur proposant de prendre en charge la construction du magasin et du hangar de stockage en banco. Il y eut hésitation sur le type de construction à retenir. Des bâtiments en dur étaient sans doute, à long terme, préférables, mais ils demandaient le recours à une main-d'œuvre extérieure. Le banco par contre permettait aux villageois d'assurer la construction moyennant du temps et des efforts. Outre que le coût de l'opération en était réduit d'autant, cette contribution constituait, aux yeux des immigrés, un engagement des villageois.

La coopérative devenait leur chose à eux aussi. De plus, les jeunes s'engageaient à décharger gratuitement les stocks de marchandises à leur arrivée. Restait à trouver la forme de la coopérative et de sa gestion locale. Afin de rendre compte des difficultés auxquelles sont confrontés les initiateurs de projets, mais aussi leur maîtrise des situations, leur aisance à côtoyer les grands, à trouver les circuits efficaces, leur capacité, enfin, à rendre compte de leurs expériences, nous citons, une fois encore, une partie du texte d'Hamedy Diarra. Il va de soi que nous n'y avons apporté aucune correction.

« Fin 1983, l'idée d'une coopérative d'achat prend corps. Nous commençons à réunir les fonds nécessaires et réfléchissons aux statuts d'une association loi 1901. En été 1984, les statuts sont approuvés en assemblée générale et déposés à la préfecture de Seine-Saint-Denis. En même temps nous avons écrit au ministère du Plan chargé de l'économie et des finances qui a la tutelle des coopératives du Mali. On nous répondra avec une promptitude remarquable en nous conseillant de créer une association du même type et en nous orientant pour cela. Dans notre second courrier à ce même ministère nous demandons les statuts types ainsi que le détail des éléments pour constituer les dossiers. Ce courrier est suivi quelques jours plus tard de la visite du ministre lui-même en France. Nous prenons contact avec lui. Il nous invite à le rencontrer au Club Méditerranée, ce fut avec son directeur que nous discuterons. Celui-ci nous oriente vers le directeur national de la Coopération auquel il remettra le dossier que nous lui confions. Quelques jours après, nous sommes informés du passage à Paris dudit directeur qui veut nous rencontrer. Nous le rencontrons à l'ambassade du Mali en France. Là, c'est un nouveau statut qui nous est remis, il porte création des

“ Tons ” [2]. Nous eûmes droit aux encouragements de ce dernier nous apprenant en même temps que notre “ Ton ” sera le premier du genre, etc. Il y aura des démarches à faire au Mali. Il nous faut quelqu'un sur place. Curieusement, certains paragraphes des statuts ressemblent à certains passages du mémoire d'un ami qui a fait une formation dans ce domaine. Nous le contactons à Bamako. Il nous apprend qu'en effet il a travaillé pendant douze ans avec ce monsieur devenu directeur depuis un an. La suite, je m'en passe. »

(Ce type d'amitié entre étudiants et travailleurs immigrés en France n'est pas rare, il facilite d'autant les démarches lorsque par la suite l'étudiant en question a des responsabilités dans l'appareil d'Etat.)

« Parallèlement à ces démarches, les débats se poursuivaient sur le mode de gestion, le choix de la ou des personnes qui travailleront sur place.

« L'assemblée générale a désigné ces personnes sans la moindre distinction de rang social. Une délégation conduite par le directeur national de la Coopération venu de Bamako assistera à l'inauguration et à l'assemblée générale constitutive du “ Ton ”. Dès lors il nous est permis de parler d'un projet réalisé. »

Appeler les coopératives du nom de « Ton », ancienne forme d'organisation villageoise, est une manière purement symbolique de s'appuyer sur le passé. De fait, les « Tons » sont des structures créées par l'Etat, ils ont des statuts identiques au niveau national. Ils sont une tentative du nouveau Parti

2. A l'origine « Ton », terme bambara, réunit plusieurs classes d'âge de circoncis de 12 à 35 ans, appartenant au même village. *Cf.* E. Leynaud [1960]. Les Tons sont à la fois des groupements d'entraide et de secours mutuel, des coopératives de travail, des sociétés de jeunesse et de loisir. Ils combinent les activités productives et la formation civique et culturelle des jeunes paysans.

(UDPM)[3], pour maintenir un contact, si ce n'est un contrôle, avec les populations paysannes. « Soucieux de coller ses actions aux réalités de notre pays et rejetant l'éclectisme, l'UDPM fondera sa politique de coopération sur le Ton villageois qui n'est autre que le Ton traditionnel vivifié et adapté aux objectifs de développement économique, social et culturel du Mali[4]. »

Cette politique ne connaîtra guère de succès au Mali. Les statuts sont cependant suffisamment souples pour permettre à des regroupements non prévus, comme les associations, de s'y conformer sans changer de vocation. Ainsi les textes régissant le Ton de Gagny stipulent :

ART. 10. Les organes de gestion, d'administration et de contrôle du Ton villageois de Gagny sont :

1. — L'Assemblée générale comprenant tous les villageois âgés de plus de dix-huit ans. (Elle tranche les questions importantes pour lesquelles elle n'a pas donné pouvoir à l'un des organes d'administration.)

2. — Le Comité de gestion. Il est élu (en principe) par l'Assemblée générale. Il est responsable de toutes les activités définies par l'Assemblée générale comme relevant du Ton.

3. — Le Conseil des commissions aux comptes. Cette instance est composée de membres élus par l'A.G. et a pour but « un contrôle démocratique ». Elle est chargée de vérifier « l'exactitude et la sincérité » des inventaires des biens et documents comptables[5].

Dans la pratique un système de va-et-vient entre

3. UDPM : Union Démocratique du Peuple Malien. Nouveau parti unique créé par la constitution de 1974, il ne deviendra opératoire qu'en mars 1979.

4. Réflexion sur un programme du parti UDPM 1979, Bamako. Cité par K. Dembélé in JACQUEMOT [1981].

5. Extraits des Statuts particuliers du Ton villageois de Gagny.

Paris et Gagny est mis en place. Chaque année, un bilan de la coopérative est préparé à Paris sur la base des documents fournis par les responsables locaux et soumis aux villageois. L'utilisation des bénéfices est discutée en assemblées générales se tenant au village et à Paris. Une certaine autonomie est laissée au gérant et à l'acheteur quant aux calculs des prix et des quantités de céréales à stocker. Les immigrés ont revendiqué la désignation du gérant et de l'acheteur. Il y avait plusieurs prétendants à ces postes. Les critères de choix retenus furent la compétence, la rigueur et l'honnêteté : savoir lire et écrire, tenir des comptes, fixer des prix, etc. Aucune des activités requises n'était pratiquée au village. Le recours à des compétences acquises en France était inévitable. Un émigré fut élu pour l'approvisionnement de la coopérative, un villageois ancien immigré, pour la gérer sur place.

La possession de nouvelles compétences est toujours un des critères par lesquels les immigrés se font reconnaître par les anciens. Dans le cas présent, l'association parisienne a d'autant plus insisté sur l'importance de respecter ce critère que de la réussite de l'opération dépendait son acceptation par le village comme force sociale de propositions et d'intervention. Les immigrés ne laissèrent pas aux villageois la possibilité d'infirmer leur choix. Notamment, une longue tractation eut lieu avec la famille du futur acheteur. Le retour d'un fils salarié entraîne un manque à gagner en terme d'argent. La prise en charge individuelle de tâches pour la communauté « fait naître des problèmes dans une famille. Même si ces tâches peuvent avoir lieu durant la saison sèche, celui qui s'occupe d'un projet ne peut plus accomplir sa tâche familiale, c'est-à-dire les travaux faits pour la concession : entretien des bâtiments, réparations des outils, etc. On a donc écrit une lettre à la famille pour lui annoncer que c'est l'un des siens qui sera gérant de la coopérative. La famille a répondu qu'il y avait un problème : les responsabilités que cela donne par rapport au village. » (Hamedy.)

Les arguments mis en avant pour la convaincre de la nécessité d'accepter le retour d'un de ses fils et le rôle pour lequel l'association le mandatait furent de deux ordres. Il s'agissait d'une mission pour le village, d'un dévouement à la cause publique qu'il fallait honorer. Il en allait de l'avenir du village, de la possibilité pour ses fils d'y vivre peut-être un jour convenablement. Par ailleurs, pour résoudre les problèmes pécuniaires, l'association décida de verser un salaire mensuel de 500 F aux trois personnes pour qui la participation à la coopérative était pratiquement un métier : le gérant, le vendeur, l'acheteur. Ainsi, trois emplois salariés étaient créés pour la première fois au niveau du village. Gagny avait en quelque sorte ses premiers fonctionnaires ! Auparavant, tous les travaux dispensés pour le village l'étaient collectivement et bénévolement par le biais d'associations spécifiques sur la base des classes d'âge. Avec la coopérative d'achat, métier, salariat, qualifications techniques ont acquis droit de cité.

Des stratégies familiales de la « dérobade » à l'initiative villageoise

On notera grâce à quelles circonspections, attention aux éventuels conflits, patience et fermeté directionnelle, l'association a réussi à construire un consensus autour de son initiative. Les effets et transformations qui vont en découler pour le village sont de taille.

Hamedy, dans la suite du texte cité plus haut, apprécie à sa manière les changements induits par la coopérative :

« D'abord un changement psychologique. Il était ancré dans toutes les têtes, à la fois chez les immigrés et chez les villageois, que les immigrés ne pouvaient pas apporter autre chose que l'argent, les gadgets et autres bribes de " merveilles " de l'Occident dans le meilleur des cas. Pire, ils amorcèrent la décadence de certaines valeurs de la société africaine. On se plaisait à les appeler les " Nouveaux Blancs ", à tort ou à raison, je n'en juge pas ici. Pour le village jouir d'une œuvre collective réalisée par ses fils, c'est sacré. Cela oblige chacun à prendre ses responsabilités. On est pour ou contre, et des nouveaux rapports se créent.

« Matériellement, on peut se demander à quel prix les villageois achètent ? Certes, cet apect est important et il est positif, car on arrive à leur vendre entre 20 à 30 % environ moins cher que sur le marché. Cela implique une autre question : que sont devenus les petits commerçants ? Ils existent encore. Comment ? Parce que la coopérative n'a pas monopolisé tout le marché d'une part ; d'autre part elle a seulement permis une autorégulation de cette activité. Donc, en dehors du prix, la coopérative d'achat a permis à la population d'être sûre d'avoir quand elle veut ce qui lui est nécessaire quelle que soit la quantité. Des petits revendeurs ont les mêmes articles qu'ils avaient l'habitude d'aller acheter à Kayes au même prix.

« La coopérative a introduit la notion de consommation qualitative. On peut critiquer sans gêne les produits qu'elle vend, les rapports n'étant pas individuels. La demande des consommateurs est pour l'instant à dominante nutritive, ce qui est la vraie mission de la coopérative. Pour les immigrés, la coopérative découle d'un processus à la fois politique et sociologique. Ils sont passés du statut d'émigrés, c'est-à-dire ceux qui ont quitté le village, au statut d'immigrés, c'est-à-dire qu'on reconnaît qu'ils ont acquis des capacités en France qui peuvent servir au village.

« Enfin, en plus de ce qu'ont les villageois et qui diminue pour eux le prix des commandes, il y a d'autres éléments importants. Ils contrôlent une partie de leurs envois et le débit de consommation effective de leurs familles, ce qui n'était pas le cas auparavant pour beaucoup. Le capital important de la coopérative et les bénéfices des deux années précédentes ont permis aux immigrés de faire des commandes pour les besoins de leurs familles sans avoir à payer aussitôt. Ils les payaient seulement à la réception de la facture. Le paiement s'étale même pour les cas délicats. La coopérative peut également nous renseigner sur la part des immigrés dans la consommation, au moins de ce qui est acheté. »

Ce texte, rédigé par un des responsables de l'association, met en évidence la capacité qu'ont ces derniers à apprécier les effets de leur intervention. Sur le plan économique la coopérative répond à un besoin ressenti par tous les villageois, quelle que soit leur position sociale ou politique : un approvisionnement régulier à des coûts maîtrisés. Elle introduit un nouveau système de régulation du rapport au marché. Grâce à une diminution des dépenses, elle intervient dans la reproduction familiale. Mais, dans la mesure où il s'agit d'une intervention collective extérieure au processus de travail, elle ne touche pas frontalement les rapports familiaux. Cependant désormais un lien est établi, reconnu entre le travail et le salaire. La notion de métier prend place dans les représentations. De manière insidieuse et positive, la soumission aux anciens est contestée. Les immigrés assument leurs devoirs plutôt qu'ils ne répondent à des obligations. Ils sont coresponsables des besoins de leur famille, en tant que tels ils sont en droit d'intervenir sur les moyens les plus appropriés pour les satisfaire, plus, en droit d'exercer un contrôle, même limité, sur l'utilisation de leur argent. La coopérative ouvre la voie à la réalisation de cette exigence. Cette dernière ne prend pas la forme d'une rupture avec la famille étendue au profit d'une famille nucléaire, mais bien plutôt celle d'un compromis. Le respect des anciens est sans cesse réaffirmé et attesté. Les formes continuent, le contenu a changé. Ce n'est plus l'autorité des anciens qui est respectée, mais le besoin qu'ils ont désormais d'être assistés dans leur rôle. Le respect n'exprime plus la dépendance mais une prise en main de l'avenir de la famille par le truchement d'une action collective à l'échelle du village. De nouveaux rôles s'imposent, leur acceptation ne met pas directement en cause les anciens. Chacun doit trouver une place selon ses compétences, sans que les différentes compétences, les anciennes et les nouvelles n'entrent en conflit. La coopérative ne s'oppose pas aux anciens, elle leur offre des moyens moins dispendieux d'assurer la reproduction de la famille, même si, pour une part, c'est avec la contribution des immigrés qu'ils y parviennent désormais.

L'idéologie à laquelle se réfèrent les immigrés pour assurer ce changement, cette négociation en douceur, est celle de l'islam. Plus souple que l'idéologie patriarcale, l'islam prône le respect de la famille, des anciens sans pour autant imposer forcément la dépendance des plus jeunes. Ce déplacement rend tolérable aux patriarches l'acceptation d'une identité culturelle quelque peu différente, celle-là même qui avait permis en France aux immigrés de s'affirmer comme force sociale unie. Tout aussi offensive au village, elle ne constitue cependant qu'une différence relative, difficilement récusable : tout le monde est musulman.

Les fils ne sont plus considérés comme coupables.

Au contraire, leur comportement est reconnu comme positif et cette positivité est attribuée à ce qu'ils ont appris durant leur séjour en France. Il s'agit là d'un changement profond, accompagné d'une remarquable intelligence de la situation de la part des « immigrés » de Gagny. Ils savaient qu'une réussite était nécessaire pour introduire le respect de nouvelles valeurs, d'un nouveau type d'organisation au village. Leurs compétences sont reconnues comme efficaces par et pour l'ensemble des villageois. De surcroît, le détour par la France a permis une alliance entre descendants de captifs, gens de castes, nobles qui s'impose également au village. Cette alliance est celle-là même qui s'est faite dans l'appareil d'Etat entre ceux qui avaient comme point commun de détenir un certain savoir occidental, à la différence près qu'il s'agit cette fois du destin collectif du village. Etre descendants de captifs ou de nobles sont des différences qui s'estompent au regard de ce que l'on a appris en France [6]. La nouvelle forme d'organisation proposée par les immigrés n'est pas lestée des lourdeurs du passé. C'est la première fois qu'une proposition de se doter d'une structure d'intervention collective sur la régulation du marché est faite. L'inscription du village dans les échanges marchands est quelque peu, dans la mesure du possible, maîtrisée. Chaque famille n'a plus à assumer isolément les coûts de déplacement, de transport, l'affrontement avec des commerçants qui profitent de ce qu'elle attend de ne plus pouvoir faire face à ses besoins grâce à ses propres réserves pour lui infliger des prix exorbitants. Les paysans trouvent ainsi un début d'alternative à la seule stratégie qu'il leur était possible d'adopter, celle que J.-P. Olivier de Sardan repère et nomme « *stratégie de la dérobade* : forme

6. J.-P. Olivier de Sardan [1984].

de résistance paysanne privilégiée à l'exploitation despotique ayant pour caractéristiques d'être discrète, individuelle, silencieuse, camouflée ».

La quasi-totalité des villageois avait été acculée à cette stratégie de la dérobade (*cf.* chapitre IV), dans un premier temps par l'administration coloniale, ensuite par l'administration nationale. L'administration coloniale dans la région ne s'était pas appuyée sur les chefferies locales de peur de réactualiser les divisions qui les avaient longtemps opposées. Les chefferies s'étaient alors repliées sur les villages, l'agriculture de subsistance. Elles avaient résisté tant que faire se pouvait aux sollicitations extérieures, notamment à la scolarisation des enfants.

Au lendemain de l'indépendance, le statut de la terre n'a pas changé, elle n'est pas devenue bien capitalisable, propriété privée, les nobles ont rejoint dans leur majorité les rangs des paysans pauvres. Leur pouvoir est limité à la communauté villageoise, ils n'ont aucun poids politique à l'extérieur.

La coopérative, structure qui se négocie avec l'Etat, est un premier pas vers une parole politique propre au village. C'est grâce à cet élément nouveau, parce qu'il y entrevoit la possibilité de réaffirmer son pouvoir au-delà des frontières du village, que le conseil villageois adhère à l'initiative des immigrés. Sans son accord, la réalisation du projet eût été impossible, donner son accord accroît le poids de son autorité : Gagny entreprend, Gagny entre dans la modernité. C'est sur cette base qu'un compromis a été trouvé, que l'alliance entre l'initiative des immigrés et le pouvoir des notables a été trouvée. La coopérative est à sa manière une inscription du village dans la société malienne. Non seulement Gagny acquiert un prestige particulier dans la région, les autres villages en parlent, ils s'en servent comme modèle pour créer à leur tour des coopératives d'achat, mais l'Etat lui-même la cite en exemple. Il est présent lors de l'inauguration sous la forme d'une délégation conduite par le directeur national de la Coopération venu de la capitale, Bamako, accompagné de la télévision.

Enfin, au village comme au sein de l'association, un fort consensus existe autour de l'initiative « immigré », elle est perçue comme le début d'un processus, la porte ouverte à de nouvelles dynamiques, un peu de mouvement, d'avenir.

« Toutes les règles discutées puis adoptées, en France comme au village, ont été respectées. Ce dernier élément est d'une importance capitale pour la confiance et pour l'avenir. Je tiens à le souligner car le processus d'interdépendance des projets n'avait pas honnêtement prévu l'importance de cette donnée. Comme disent les camarades : pour 1 000 F on résout les problèmes que jadis avec des milliers de francs plus des mains on n'y arrivait pas. » (Hamedy, texte cité.)

La fierté d'être du projet est partagée par tous les hommes. Chacun se sent redevenu quelqu'un. Les efforts des uns stimulent la participation des autres. Immigrés et villageois ont trouvé un terrain de dépassement de l'extranéité réciproque qui les menaçait. Leurs différences n'ont pas été abolies, elles se sont entendues.

CHAPITRE IX

LES FEMMES AUSSI

« Ce que l'on cherche, on le trouve ; ce que l'on néglige nous échappe. »

SOPHOCLE, *Œdipe roi.*

Une école à Gagny, c'est un bouleversement. Tout le monde à sa manière en a conscience : les immigrés, le conseil du village, le marabout, les femmes, l'instituteur, les villages voisins.

Il aura fallu deux ans de discussions au village pour que tombent les dernières hésitations. La décision est prise de construire une école en janvier 1986. Chaque immigré doit verser 7 000 F durant l'année. Le coût de l'opération, y compris les frais de déplacement pour aller négocier la venue d'un instituteur avec le ministère de l'Education nationale, s'élèvera à plus de 500 000 F. Mais l'enthousiasme est si grand que l'on ne compte guère dans les rangs des immigrés. Pour eux c'est un lien nouveau, positif, avec leur village. C'est aussi une revanche sur le malheur qu'ils ont subi, celui d'être analphabètes dans un monde de l'écrit.

« Nos enfants ne doivent pas être aussi démunis que nous ! »

Certains pourraient objecter qu'il s'agit d'un énorme scandale ! Et c'en est un. Les immigrés sont contraints, sur leurs misérables deniers, de prendre en charge la formation de leurs enfants. Ces derniers, scolarisés, pourront continuer à servir de main-d'œuvre bon marché. Pourtant, s'ils ne s'occupent pas eux-mêmes de ce problème, personne ne le fera à leur place. Ils le savent. Et puis, derrière l'école, n'y a-t-il pas la pensée d'une autre société qui se cherche ?

Pour la majorité des villageois, l'école ouverte à tous et à toutes offrait, comme partout, un début d'égalité des chances. Pour les chefs de famille, c'était un argument de plus en faveur du maintien des enfants, et de leur mère sur place ; la preuve que l'intention des fils était de leur côté.

Pour le conseil du village, qui fut à tout moment associé à l'entreprise, l'école était une occasion de s'affirmer par rapport à l'Etat. Le pouvoir changeait de sens mais pas de mains. L'avenir du village se redessinait.

Le marabout, quant à lui, avait décidé de ne pas envoyer ses enfants dans une école laïque. Il persistait à construire sa propre exclusion des nouvelles dynamiques introduites par les immigrés au village.

L'école des femmes

Le cas des femmes fut tout autre. Elles n'avaient pratiquement été consultées à aucun moment. Au mieux pouvaient-elles être fières de leur mari, de leurs fils. Bien qu'on le leur dénie, elles avaient pourtant un point de vue. Dès lors que leurs enfants allaient être scolarisés au village, une des raisons qui leur permettaient de rejoindre leur mari en France tombait. La scolarisation des enfants, avec la santé et plus particulièrement la stérilité des femmes, était un des motifs que les immigrés mettaient parfois en avant pour enfreindre les consignes des anciens et faire venir femmes et enfants en France.

De nombreuses épouses s'interrogeaient sur la nécessité d'apprendre à lire et à écrire à leurs fillettes. Les tâches qui leur incombent dans la vie quotidienne ne requièrent guère d'être alphabétisées. Par contre n'était-ce pas dangereux pour leur avenir ? Devenues vieilles, leurs filles ou leurs belles-filles accepteraient-elles de les servir ?

Enfin, assez rapidement, elles s'aperçurent que le respect des emplois du temps de l'école représentait pour elles des tâches supplémentaires. Le rythme scolaire dissocie le moment des repas des enfants de celui des adultes. En outre, les enfants doivent arriver propres et vêtus à l'école. Les jeunes fillettes de 7 ou 8 ans ne sont plus disponibles pour surveiller les plus jeunes.

A ne pas avoir suffisamment associé les femmes à la création et à la gestion de l'école des problèmes inattendus pour les hommes, bien que prévisibles, vont surgir. C'est à propos des femmes que les initiateurs de projet se montrent le moins prévoyants. Il leur est difficile d'envisager qu'elles peuvent être source de conflits, c'est-à-dire avoir un point de vue actif. La majorité des projets sont pourtant des projets concernant les femmes, des projets d'hommes pour les femmes : puits, maternité, maraîchage. Les femmes sont de tous les travaux, rien d'étonnant à ce que les projets les rencontrent... Ali en est persuadé :

« Un barrage sert à retenir l'eau, avec un barrage les animaux pourront boire directement et nous ne serons pas obligés de puiser l'eau. Mais un autre aspect est encore plus important, en cas de sécheresse les femmes ne seront plus obligées de faire la queue pour tirer de l'eau. Je voudrais donner un exemple pour illustrer ce propos. En 1984, les femmes devaient se lever à trois ou quatre heures du matin, elles partaient à pied, leur seau sur la tête, pour ramener de l'eau. Et puis ce travail était particulièrement pénible, il n'y a pas de courant, les seaux doivent être remontés à la main... »

Et moi de demander :

« Quelle est la place des femmes dans votre projet ? »

« Je m'attendais à cette question. Ce que nous avons fait jusqu'à aujourd'hui, nous l'avons fait pour les femmes, que ce soit le dispensaire-maternité ou le projet barrage. Je vous dis : les femmes, nous, nous les aimons. »

Projets pour les femmes : on les y associe parfois en petit nombre, ainsi Ali le rappelle-t-il :

« En plus, sur les vingt-deux personnes de l'association qui sont à Lambatara, il y a six femmes. Et ces femmes-là sont présentes à chaque fois qu'il y a une réunion. Malgré leur vieux père, elles sont là, c'est un accord que nous avons passé avec eux. Elles sont jeunes, elles ont vingt-cinq ans, elles prennent la parole par exemple devant le médecin pour dire que ce n'est pas normal qu'un homme s'occupe d'une femme malade, qu'une femme doit s'occuper d'une femme. Si une Africaine est malade et qu'elle va voir un monsieur, croyez-moi, elle ne va pas tout montrer. Si c'est une femme, elle dévoilera tout. »

A Gagny j'avais recueilli de nombreuses doléances des femmes contre l'école. Lorsque j'en fis part à certains responsables du projet, ils se mirent en colère, ce qui leur arrivait rarement, contre moi. Nous n'avons jamais eu d'altercation aussi violente. C'était comme si je remettais en cause l'ensemble du processus en cours, comme si je les niais dans ce qu'ils avaient fait de plus important. L'école, c'était une affaire entre eux et l'instituteur, les femmes n'avaient rien à voir là-dedans. Elles ne pouvaient que se réjouir qu'on offre à leurs enfants la possibilité de s'instruire et si elles ne comprenaient pas, c'est qu'elles étaient attardées. La plupart, s'empressaient-ils d'ajouter, étaient pour l'école. Les réticences que j'avais pu noter de la part des femmes n'étaient que constructions de femme blanche ou ignorance de femmes noires.

Un an plus tard, ces réticences cependant se matérialisèrent par des retards à l'école, des enfants peu attentifs, faute d'avoir mangé avant de suivre les cours, parfois même, malgré le contrôle des hommes, des absences injustifiées. L'idée que les femmes avaient un rôle à jouer dans la scolarité des enfants s'imposa. Le comité des parents d'élèves a été ouvert aux femmes, et leurs problèmes y sont débattus. L'instituteur leur rend visite et tente, sinon de trouver des solutions, au moins de les convaincre de l'importance de la scolarisation de leurs enfants. Cependant, outre l'augmentation de leurs tâches, une inquiétude les habite toujours. L'enseignement est lié pour elles à un futur départ de leurs enfants. Au village, on n'a guère besoin de savoir lire ou écrire. Que les hommes s'en aillent est déjà dur à supporter. Mais qu'adviendra-t-il si leurs filles, elles aussi, les abandonnent ? Jamais ne viendra le moment où elles pourront se reposer, être à leur tour servies ?

Le départ des hommes, à propos duquel elles n'ont pas été consultées, s'est traduit par un accroissement de leurs travaux, de leur malheur. Le maintien des enfants au village, c'est un espoir qui s'envole, celui d'y échapper. L'éducation de leurs filles, c'est vieillir dans la peine.

Exclues des affaires politiques et sociales, elles en ont « comme tout opprimé, une conscience fragmentée et contradictoire, due justement aux mécanismes mêmes de l'oppression »[1]... Une école à Gagny, c'est bien ! leurs maris, elles les admirent et pourtant...

On l'aura compris, toutes ces interrogations n'ont, évidemment, de réponse que si le processus en cours met en cause jusqu'aux rapports entre les hommes et les femmes. Sans un avenir autre, aussi pour les femmes, leur inquiétude est légitime. Faute d'y avoir songé à temps, néanmoins conscients désormais de l'importance de ne pas éluder la question du rôle des femmes dans les processus de transformations villageoises, les émigrés vont, dès le début du projet santé qui va suivre celui de l'école, y associer des femmes. Elles y joueront un rôle déterminant. Ils ont accepté que le choix des femmes qui devraient partir pour suivre une formation de matrone à Kayes était éminemment une affaire de femmes. Partir, c'est laisser à d'autres femmes le soin de ses propres enfants. Revenir pour être matrone, c'est avoir un nouveau statut dans la famille, au village. La matrone a un salaire, son métier ne lui laisse guère le temps de vaquer aux travaux des champs, ni même de servir sa belle-famille. Chacun, chacune, devra comprendre, accepter qu'elle ne peut tenir son ancienne place. De la même manière, les cours d'hygiène, dispensés à Meaux aux femmes immigrées de Gagny, signifient, à brève échéance, un retour au village. Savoir pour chacune si elle veut faire partie des « élues » n'est pas une mince affaire : quitter son mari, certains de ses enfants, un relatif confort, la ville, retrouver le Ka, ses amies, deux de ses enfants laissés en garde à une coépouse, laisser peut-être cette dernière rejoindre

1. N.C. Mathieu [1985].

leur mari, avoir un statut privé, gagner sa vie, être quelqu'un... La décision est dure à prendre. En France, au village, on en discute entre femmes, entre mari et femme, entre ami(e)s, au sein de la famille. Sans l'adhésion des femmes au projet santé, l'échec est assuré, on le sait désormais. Dans de nombreux villages, des maternités construites à grands frais sont restées vides du fait du refus des femmes à accoucher en dehors de chez elles, de leur refus à engager leurs « économies » pour le soin des enfants. D'aucuns, hostiles à la force immigrée se construisant, ne manqueront pas de renforcer, d'utiliser ces attitudes, les détournant de leurs sens.

Une matrone, un infirmier

Une épidémie de choléra s'ajoutant à une mortalité infantile très élevée[2], aux morts nombreuses de femmes en couches, aux infections souvent ramenées de France, acheva de convaincre ceux qui ne l'étaient pas, hormis le marabout, de l'urgence de la construction d'un dispensaire. Pour se faire soigner, lorsqu'on habite Gagny, il faut se rendre à l'hôpital[3] de Kayes,

---

2. Le taux de mortalité infantile est de 30 % avant l'âge de cinq ans.

3. L'hôpital de Kayes, construit avant la Deuxième Guerre mondiale, est très loin de fournir les prestations qu'il devrait. Ses locaux sont peu entretenus et sont fortement dégradés. Le matériel y est vétuste, usagé et nettement insuffisant pour permettre un fonctionnement correct de l'établissement. Des produits indispensables tels que gants opératoires ou films radiographiques manquent depuis plusieurs années. Quant aux produits pharmaceutiques, ils sont si rares que, comme partout ailleurs au Mali, les malades doivent les acheter eux-mêmes à la pharmacie populaire de la ville. C'est ainsi qu'une césarienne nécessiterait une ordonnance de 50 à 60 000 francs maliens. Les médicaments ne sont pas remboursés au Mali. H. Balique, M. Didierlaurent, P. Marie [1983] p. 135.

où, bien souvent, les conditions minimales d'hygiène ne sont pas remplies, pour ne pas parler du manque récurrent des médicaments adéquats ou du délabrement des équipements. Aussi n'est-il pas étonnant que les projets santé issus d'associations d'immigrés soient très nombreux dans la région. Ils correspondent à des demandes pressantes des populations elles-mêmes précisées par les nouvelles normes de santé auxquelles se réfèrent les immigrés après un certain temps de séjour en France et le recours fréquent à la médecine hospitalière. Ces projets ne sont pas toujours en conformité avec le plan santé élaboré par le ministère du même nom.

En 1987, le ministère de la Santé ayant eu vent de vingt projets pour la seule région du Guidimaka envoya ses représentants en France pour tenter de mettre un peu d'ordre dans ce foisonnement d'initiatives. Plus de deux mille immigrés étaient mobilisés. Ils furent convoqués à une assemblée générale durant laquelle il leur fut proposé de regrouper leurs efforts afin de faire un superbe hôpital plutôt que de multiplier des dispensaires mal équipés, plus ou moins efficaces, auxquels, au demeurant, l'Etat ne pourrait adjoindre le personnel nécessaire vu les restrictions de fonctionnaires imposées par le Fonds monétaire international.

La proposition ne fut pas immédiatement refusée, elle fut étudiée par une commission comprenant deux représentants par village intéressé. A l'issue de quelques mois de travail, malgré des pressions multiples, la position unanime des immigrés fut de refuser l'offre qui leur était faite non sans de sérieux arguments :

— Vu l'état déplorable des voies de communication, implanter l'hôpital dans un village, c'était en rendre difficile l'accès aux habitants des autres villages. Aucun site n'offrait des conditions d'accès acceptables par tous les intéressés.

— L'hôpital de Kayes ne fonctionnait déjà pas, pourquoi celui-là aurait-il plus de chance de fonctionner ?

— L'unité au sein des associations était assez difficile à obtenir, aucune association ne se sentait capable de gérer un projet regroupant vingt villages. Les tensions entre eux au cours des discussions leur avaient prouvé la complexité d'une telle gestion.

— Enfin, ils craignaient de perdre leur autonomie, d'être dépossédés de leur propre projet ou simplement de procurer des fonds à un Etat déficient.

Ils refusèrent, tout en étant conscients qu'il leur faudrait un jour aborder les problèmes à un autre niveau que celui du village. La structure mise en place à cette occasion est maintenue, élargie à d'autres associations. Elle a pour fonction la circulation de l'information, les échanges d'expériences et une réflexion sur les besoins en formation pour mener à bien les différents projets. Elle ne se limite pas à examiner les projets santé mais bien l'ensemble des projets de la région quelle que soit leur nature : du puits au périmètre irrigué sans laisser de côté la laiterie ouverte à Kayes par des anciens immigrés.

Pour en revenir à la politique sanitaire de l'Etat malien, elle a été définie lors de l'élaboration du deuxième plan décennal 1981-1990. Elle met en avant la valorisation des soins de santé primaire. Plusieurs niveaux sont définis : village, secteur de base (1 000 personnes), arrondissement (20 000 personnes), cercles (150 000 personnes), régions (1 000 000 de personnes). A chaque niveau correspond un type d'infrastructure caractérisé par des équipements, du personnel et des compétences définies.

Les actions de santé purement villageoises doivent

être autofinancées. La prise en charge financière par l'Etat d'un infirmier ne peut l'être qu'au niveau de l'arrondissement. De fait, la région de Kayes a été délaissée. Les centres sanitaires, à quelque niveau que ce soit lorsqu'ils existent, sont démunis de tout : personnel mal formé, absence d'infrastructure, pas de médicaments. Le gouvernement malien dans les années 80 en a pris conscience puisqu'il a décidé d'accorder la priorité à cette région. Faute de moyens propres, il n'est pas resté insensible aux projets des émigrés et ce d'autant plus que d'après la convention franco-malienne de 1965, l'INPS (Institut national de prévoyance sociale) doit assurer la prise en charge sanitaire des ayants droit, femmes et enfants de moins de 14 ans des migrants qui travaillent en France. Or la majorité des migrants vient de cette région. Leurs cotisations, près de 100 millions de francs maliens par an au seul titre de l'assurance maladie, alimentent les caisses de l'INPS. Le dossier est explosif, les migrants le savent et se chargent de le rappeler. L'INPS n'a mis en place de son propre chef que deux centres de santé de secteur de base.

C'est fortes de la connaissance de ce dossier que les associations négocient sages-femmes, aides-soignantes, infirmiers, pharmaciens, la construction des locaux restant toujours à leur charge.

Alliances et dissensions

A Gagny les négociations entamées en 1987 ont été particulièrement âpres, toujours pour les mêmes raisons, non pas le manque de personnel compétent, il y a des infirmiers au chômage, mais le nombre des fonctionnaires devant diminuer, selon le FMI, on commence par supprimer les postes de ceux qui sont en bas de l'échelle. Cependant la Commission Santé de Gagny avait envoyé en formation une matrone à l'Ecole des sages-femmes de Kayes. Les villageois exigèrent de la récupérer avec son salaire. Ils l'obtinrent. Le combat fut plus dur en ce qui concerne l'attribution d'un infirmier. Il n'y en avait pas de disponible, il n'était pas prévu dans le plan d'en envoyer un à Gagny, d'ailleurs Gagny en tant que village n'y avait pas droit... Après avoir fait, à plusieurs reprises, le siège de l'INPS, s'être entretenus longuement sur l'importance de leur projet avec les deux médecins de Kayes, les villageois obtinrent gain de cause. En France actuellement, plusieurs femmes suivent des cours d'hygiène et de santé primaire.

La décision de construire un centre de santé avait soulevé beaucoup moins de problèmes que celle concernant l'école. Non seulement parce que tous les villageois en ressentaient le besoin, les nécessités ne créent pas forcément l'unité, mais également parce que le conseil du village avait désormais accepté les formes de partage du pouvoir proposées par les jeunes de l'association. Gagny redevenait un village prestigieux dans la région, à de nombreux kilomètres à la ronde on parlait des réalisations du village. Seul, une fois encore, le marabout avait interdit aux membres de sa famille en France de cotiser.

Choix du terrain, du type de construction, de la femme à envoyer à l'école de matrones, des femmes qui suivraient une formation en France ne donnèrent guère lieu à des tensions trop graves, comme c'est souvent le cas dans des projets similaires.

Par contre les débats à propos du mode de fonctionnement du centre ont été très complexes. Les difficultés de gestion de ce type d'entreprises étaient bien connues des responsables. Infatigables dans leur enthousiasme, depuis quelques années ils avaient enquêté minutieusement auprès des responsables de nombreuses réalisations du même genre. Soucieux d'éviter les écueils rencontrés par leurs prédécesseurs, ils les interrogeaient, des heures durant, sur les difficultés auxquelles ils s'étaient heurtés. Etranges et passionnantes vacances que celles d'ouvriers sillonnant la brousse à la recherche des connaissances nécessaires à la réussite de leur projet. Diamadigui, Touroula, Feghi, Somankidi, se trouvent ainsi reliés dans une même tension, un même désir de construire quelque chose.

La course au savoir

Nous avions rendez-vous le 29 octobre 1988 à Dyataya, moi et quelques responsables d'associations d'immigrés. Notre objectif était d'enquêter sur les réalisations récentes des immigrés dans la région. Nous doutions de la possibilité pour Hamedy de nous rejoindre à temps, malgré l'intérêt qu'il portait à cette tournée, le centre de Gagny était sur le point d'ouvrir ses portes. Hamedy n'avait pu obtenir de prendre ses vacances avant le 25 octobre. Or le voyage Paris-Bamako dure cinq heures. A Bamako, il devait régler quelques problèmes familiaux et faire une dernière démarche à l'INPS. Entre Bamako et Kayes il y a un train par jour, il faut compter, si tout va bien, un minimum de huit heures lorsque aucun incident ne rallonge le parcours. Une fois arrivé à Kayes, il lui était impossible de ne pas aller au moins saluer sa famille, le village, car tout se sait à Gagny des mouvements de chacun à Paris : trois heures de taxi-brousse sans compter l'attente d'un départ. Mais, fort heureusement, l'instituteur était sur le quai de la gare prêt à charger Hamedy à l'arrière de sa mobylette, le trajet était donc réduit de moitié : une heure trente de route, à condition d'emprunter la nouvelle route construite par les Italiens sur la rive droite du fleuve. Gagny se trouve sur la rive gauche. Une pirogue attendait le voyageur... ainsi qu'une assemblée villageoise pour faire le point sur les derniers détails concernant le centre de santé. Quelques heures de repos avec sa femme, le tour des familles qu'il se devait de saluer, la distribution des messages de Paris et le temps de demander à son père la permission de partir, Hamedy était déjà de nouveau sur les routes. Retour à Kayes pour prendre le taxi-brousse pour Diataya, cinq heures environ de trajet. On comprendra notre surprise lorsque le 28 au soir nous vîmes Hamedy descendre du seul véhicule atteignant le village. Là ne devait pas s'arrêter sa course. Durant plusieurs jours, à pied, en mobylette, en vélo, malgré une chaleur torride, nous visitâmes inlassablement et minutieusement tous les centres de santé créés par des caisses villageoises organisées en France. Partout l'accueil était empressé. Notre visite était l'occasion pour les villageois de montrer les réalisations de leurs fils, pour les responsables du projet d'expliquer leurs difficultés. Bref, à partir des nombreuses informations récoltées au cours de plusieurs missions du même genre, les responsables du centre de santé étaient en droit d'espérer, non pas de prévoir ou surmonter toutes les difficultés mais, pour le moins, d'éliminer quelques handicaps déjà répertoriés comme tels pour avoir été rencontrés par d'autres.

Un des problèmes essentiels rencontrés par les premières expériences était celui du financement autonome du Centre. Les émigrés sont d'accord pour verser les sommes mêmes importantes pour payer l'infrastructure, ils n'entendent pas s'engager à assumer les dépenses régulières à long terme. L'INPS paye infirmiers, matrones, restent tous les frais d'entretien, d'achat de matériel, de médicaments. Une table d'accouchement coûte 20 000 F sans compter les frais de transport. Après de longues discussions, tant au sein de la commission villageoise qu'au sein de l'association en France, il est décidé de demander une petite participation aux utilisateurs du dispensaire : 5 F pour une consultation simple, 25 F pour un accouchement. Les médicaments seront vendus au même prix que dans les pharmacies, une partie du bénéfice ainsi réalisé sera utilisée pour assurer le fonds de roulement nécessaire à un bon approvisionnement en médicaments, l'autre pour l'entretien des locaux. Ainsi l'expérience de Marena était-elle prise en compte. Les immigrés ne seraient pas continuellement sollicités, les villageois ne penseraient pas comme à Marena : « Ce sont nos enfants qui ont construit ça donc on ne paie pas[4]. »

Aucune consultation ne pourra avoir lieu en dehors du dispensaire, ceci afin d'éviter le clientélisme et les détournements de fonction. L'équipe soignante doit rester au service de la communauté villageoise et non privilégier ceux qui pourraient payer plus grassement les soins procurés, s'appropriant ainsi un service commun. La question s'est posée de savoir s'il fallait une caisse de secours pour les indigents. La réponse a été négative. L'appréciation de qui pourrait y avoir recours semblait trop délicate, source de passe-droits, de pressions, de conflits. La solidarité privée entre villageois fut estimée plus opportune, moins susceptible d'entraîner des effets pervers.

La gestion des fonds est confiée à un villageois élu pour sa compétence et son honnêteté. Les comptes

4. Marena est un des premiers villages à avoir construit une maternité dans la région.

doivent être faits tous les mois et rendus publics. De nombreux projets ont échoué soit parce que l'infirmier donnait des soins payants en dehors du dispensaire à des tarifs prohibitifs, se servant des produits stockés dans la pharmacie, soit parce que le pharmacien vendait les médicaments de la main à la main, à un prix qu'il fixait lui-même. Les seules aides extérieures acceptées seront les dons et devront correspondre aux demandes du Centre. Les médicaments offerts seront vendus au même prix que les autres. Leur vente servira à augmenter le capital de roulement.

Différentes formes de mobilisations et d'éducation de la population sont prévues notamment par les femmes ayant suivi des cours à Paris. A Marena, lors de leur enquête, les responsables du projet avaient appris « que la médecine, la compréhension de son utilisation est entre les mains des femmes. Il faut que ce soient les femmes qui expliquent aux autres. Il faut faire des séances de causeries avec les femmes, sinon elles ne viennent à la maternité qu'en cas d'extrême urgence, quand nous ne pouvons plus intervenir. Elles ne viennent pas aux soins post-natals[5]. »

A Gagny, il est obligatoire d'accoucher au Centre et non chez soi, faute de quoi la famille contrevenante sera passible d'une amende. Toutefois, afin que les parturientes ne se sentent pas trop dépaysées, un espace est réservé aux femmes de la famille qui voudraient assister leur sœur en couches, lui préparer la cuisine, l'entourer durant les deux jours minimum qu'elle doit obligatoirement passer au Centre après l'accouchement. Cette solution a également l'avantage de ne pas faire reposer sur le dispensaire une infrastructure hôtelière qu'il ne pourrait assumer dans

5. Propos recueillis à Marena, tenus par un des responsables de la maternité, deux ans après l'ouverture de cette dernière.

l'état actuel des choses. Toutes ces mesures qui vont à l'encontre d'une médecine gratuite sont pourtant probablement à l'heure actuelle le seul moyen dont disposent les villageois pour avoir accès aux soins. Des rougeoles mal soignées ont coûté la vie à de nombreux enfants, de simples bobos se sont transformés en gangrène entraînant des amputations. De surcroît, ces catastrophes sont toujours très coûteuses, tant dans l'immédiat que pour l'avenir. Les frais de transport jusqu'à Kayes s'élèvent à plus de 200 F. En cas d'urgence, vu l'absence de téléphone et de voiture dans le village, il faut compter au moins six heures avant de parvenir à l'hôpital. Finalement, les sommes demandées par le dispensaire sont modiques tant au regard des autres solutions qu'au regard de l'argent qui circule dans le village.

Le Centre est ouvert à tous, même à ceux qui ne sont pas du village. Ces derniers n'ayant pas participé aux frais initiaux payent la consultation un peu plus cher. Les médicaments leur sont vendus aux prix officiels.

On le voit, un considérable effort a été consacré à l'élaboration des conditions susceptibles d'éliminer au moins les obstacles connus pour avoir été rencontrés par d'autres. Cependant le Centre de Gagny ne fut pas exempt de problèmes comme on peut s'en douter.

Grève de mosquée !

Dès les premiers jours de son ouverture, l'affluence fut grande. Mais malgré toutes les précautions prises, malgré un règlement minutieusement élaboré, porté à la connaissance de tous, le Centre de santé n'était pas à l'abri de la vindicte du marabout. Le premier jour, il envoya une de ses femmes consulter. Fallait-il la soigner ? Etait-il juste que n'ayant pas cotisé une des familles les plus riches du village bénéficie des soins ? Etait-il possible de la traiter comme les étrangers, les villageois venus d'ailleurs ? Quelles conséquences ? Le comité de gestion qui était présent en son entier afin de vérifier que tout se passait bien, après discussion, décide que l'infirmier est là pour tous et que par conséquent cette femme a le même droit que les autres d'être soignée. Elle devra payer le prix de la consultation comme les autres villageois. Cette proposition conciliatrice ne convient pas au marabout, sa femme refuse de payer peu ou prou...

Le problème se complique. Le lendemain, une fille du marabout arrive en courant à l'infirmerie qui est située à cinquante mètres de chez elle. Elle prie l'infirmier de se rendre d'urgence chez le marabout, un de ses enfants avait un bâton en travers de la gorge !

Les soins à domicile sont interdits, on la prie d'amener l'enfant au dispensaire. La tension monte dans le village. On fait savoir au marabout que s'il n'arrête pas ses provocations plus personne ne viendra prier dans sa mosquée. La prière peut se faire n'importe où. Le marabout ne veut rien entendre.

Le conseil du village se réunit avec le comité. Plusieurs hypothèses sont émises : si le marabout ne veut pas céder, il faut qu'il quitte le village. Décision grave qui aurait un écho bien au-delà de Gagny. Finalement, après mûre réflexion, il est décidé de faire une ultime tentative de négociation. Le marabout est convoqué à une réunion où sont présents, outre le conseil du village, quelques notables des villages environnants [6].

6. La présence de ces notables extérieurs au village était aussi une manière de faire savoir au marabout, qui n'excluait pas d'aller offrir ses services dans un autre village, que cette issue n'existait pas.

On lui indique les moyens de clore l'affaire. Elle peut se régler calmement, il lui suffit d'écrire séance tenante à ses fils de payer les cotisations, et de respecter comme tout le monde les règlements des différents projets plutôt que de faire tout pour qu'ils échouent. Tout le village est d'accord avec les projets, s'il ne les respecte pas, on le renverra. On lui rappelle qu'il a été accueilli par le village en 1947 et que la décision d'alors peut être remise en cause. L'argument est de poids, surtout prononcé par le conseil des anciens !

Le marabout obtempéra. Depuis lors, ses fils, qui étaient loin d'être tous hostiles aux initiatives de l'association, participent aux différentes activités de cette dernière.

En 1989, la coopérative, l'école, le Centre de santé, fonctionnent. Conflits, tensions, difficultés n'ont pas disparu, mais l'association existe, elle est reconnue par le village et ses instances de pouvoir, entendue par l'Etat. Ses membres ici et là-bas sont fiers d'y appartenir. Conscients de ce que le processus de transformation dans lequel ils se sont engagés est à la fois vital et fragile, ils réfléchissent, aujourd'hui, aux formes d'interventions concernant les activités de production, autrement plus décisives pour l'avenir du village. Néanmoins, ils savent désormais que sans un réaménagement des rapports de pouvoirs, notamment à l'endroit des femmes, leurs objectifs ne peuvent être atteints.

Dans la région de Kayes, nous avons recensé plus de trente projets relevant d'associations d'immigrés. Ils témoignent tous d'une identité immigrée reconstituée, puissante, qui se manifeste dans des dynamiques complexes.

Cependant, tous doivent faire face à des forces externes, pas toujours conciliantes, les Etats, les pouvoirs villageois. Si l'Etat malien a jusqu'au jour d'aujourd'hui accepté ces projets, il peut, à tout moment, en fonction de ses objectifs, casser les dynamiques en cours. Il possède pour cela de multiples moyens : laisser en suspens la question de l'attribution des terres, ne pas nommer d'instituteur ou d'infirmier, refuser le mode d'organisation choisi. Il peut considérer ces initiatives comme porteuses de conflits à venir, d'autant plus inquiétants qu'organisés.

Dans les villages, les différents projets touchent aux formes de pouvoirs, ils requièrent la reconnaissance de nouvelles formes de savoir, de nouvelles légitimités. Les anciens pouvoirs, pour affaiblis qu'ils soient, ne sont pas eux non plus sans moyens d'action. Les conflits sont d'autant plus redoutables que les initiatives ne sont pas exemptes de contradictions. Elles relèvent d'une logique interne paradoxale. Elles visent l'autosubsistance par des investissements, par l'accumulation, la reproduction des communautés d'autosubsistance. La logique de l'investissement, transfert d'argent, de matériel, de connaissances, appelle celle de l'accumulation, elle risque de miner toujours davantage l'économie de subsistance sans pour autant assurer le passage à autre chose. Dès lors les immigrés peuvent-ils échapper à cette éventualité qui les nierait et qui les guette : être un nouvel avatar des communautés domestiques, adapté au nouveau type d'immigration requis dans les pays capitalistes ?

A moins que, et c'est là une perspective envisageable, tout ce mouvement ne consiste, finalement, qu'en la réalisation de conditions originales d'une dissolution organisée, mesurée, des communautés domestiques. La contradiction entre les éléments de transformation et le simple objectif de survie est sans doute la plus redoutable mais aussi la plus intéressante. Elle pose la question de savoir de quoi ces nouveaux aménageurs sont-ils les aménageurs ?

CONCLUSION

Recherchée pour des qualités qui à ses yeux n'en étaient pas, remisée aux marges de la société française, accusée par ses pères, l'immigration soninké en France a une histoire. Elle se joue sur deux scènes, au cœur de plusieurs sociétés. Cette histoire, on l'a vu tout au long de ce livre, est celle de négociations toujours recommencées, d'identités en transformations. Le passage des immigrés, nécessaire à la survie de leur village, d'une société à une autre s'accompagne du risque d'être des étrangers de partout, des hommes de nulle part. Sans répit, les différentes communautés luttent ici et là-bas contre cette construction dans laquelle on tente de les enfermer. Leur inscription dans la société française, leur maintien dans la société de départ, leur reconnaissance en un mot, est à l'aune du rapport de forces qu'ils sont en mesure d'établir.

En France, comme au village, la seule stratégie possible pour être reconnu passe par la constitution de différences. En France, ce n'est pas en tant que simple force de travail, non-citoyen, qu'on peut être quelqu'un.

D'une manière générale, les tentatives pour s'identifier au prolétariat ayant échoué, toutes les communautés immigrées (portugaise, algérienne, turque, etc.) ont compris l'importance d'affirmer une identité propre, de se référer à une culture commune, recomposée aux conditions de la France, pour négocier leur place. La montée de l'intégrisme n'est qu'une variante, la plus rétrograde, des multiples stratégies pratiquées par ces communautés.

Les différents regroupements soninké témoignent de cette utilisation politique des différences. Ils construisent leur unité, au-delà des pratiques de solidarité, autour de la réactualisation de valeurs communes. Ils se réapproprient leurs histoires, celles des villages, des régions, des grands empires africains, du colonialisme. A cette fin, griots et cassettes conjuguent leurs efforts. Plus croyants qu'au départ, les jeunes, devenus moins jeunes, instaurent un nouveau rapport à l'islam, source possible d'une morale collective. Ce renforcement identitaire s'accompagne d'une codification de la langue, de la publication de textes en soninké, de cours d'alphabétisation. L'Association pour la Promotion du Soninké diffuse un journal bilingue : français/soninké. Danses et musiques sont présentes à chaque fête. Bien vivantes, elles connaissent une certaine évolution.

Cette dynamique ethnique sert de monnaie d'échange dans le champ des relations avec la société française. Loin de constituer la communauté en ghetto, contre les espoirs de certains, elle lui permet de s'affirmer dans un compromis difficile. L'engouement actuel pour la musique africaine n'est pas étranger à cet effort pour composer, se frayer des voies de communication. Plus directement, les comités de résidents occupent l'espace restreint qui leur est réservé à la négociation de leur existence. Les caisses, elles, assurent la persistance d'un lien avec le village. Elles s'appuient pour ce faire sur l'autre différence des immigrés, celle qui leur vient de là-bas, celle d'être salariés et d'avoir acquis certaines compétences.

Aujourd'hui, les associations villageoises tentent de mettre en œuvre des dynamiques « métisses » pour reprendre l'idée de J.-L. Amselle, d'élaborer des stratégies qui leur permettent d'utiliser au mieux les différents espaces auxquels elles sont confrontées. A leur manière, elles sont porteuses d'une pensée et d'une pratique de la transition négociée. Elles instaurent de nouveaux rapports de forces, de nouveaux savoir-faire politiques, se créent des alliés, des interlocuteurs (le développement des O.N.G. n'est pas sans rapport avec ce mouvement).

Les immigrés engagés dans de tels processus sont des hommes de la modernité en ce sens que, sans référence à des modèles, tenant compte de leur passé qui les attache à leur village, de leur présent qui les assigne à résidence en Europe, ils cherchent, pas à pas, des avenirs possibles.

BIBLIOGRAPHIE

ADAMS A. [1977], *Le Long Voyage des gens du fleuve,* Paris, Maspéro.

ADAMS A. [1985], *La Terre et les gens du fleuve,* Paris, L'Harmattan.

ADLER A. [1986], *Afrique plurielle, Afrique actuelle. Hommage à G. Balandier,* Paris, Karthala.

ALTHABE G. [1969], *Oppression et libération dans l'imaginaire,* Paris, Maspéro.

ALTHABE G. [1986], « Vers des sociétés pluriculturelles », Actes du colloque international de l'AFA, ORSTOM.

AMSELLE J.-L. [1976], *Les Migrations africaines,* Paris, Maspéro.

AMSELLE J.-L. [1990], *Logiques métisses. Anthropologie de l'identité en Afrique et ailleurs,* Paris, Payot.

AUGÉ M. [1975], *Théories des pouvoirs et idéologies,* Paris, Hermann.

BALANDIER G. [1967], *Anthropologie politique,* Paris, PUF.

BALANDIER G. [1974], *Anthropo-logiques,* Le Livre de poche.

BALANDIER G. [1971], *Sens et puissance,* Paris, PUF.

BALANDIER G. [1985], *Le Détour,* Paris, Fayard.

BALIQUE H., DIDIERLAURENT M., MARIE P. [1983], *Place des travailleurs migrants dans le processus de développement de la région de Kayes,* Ed. conjointe Mali, Ministère de la santé publique et des affaires sociales, France, Ministère des relations extérieures.

BARAU J. [1978], *Travailleurs africains en France. Rôle des cultures d'origine,* Grenoble, PUG.

BARAZZETI D. [1987], *La strada del ritorno*, Istituto italo-africano, Rome.
BONIN Ph. [1981], *Ethnologie française*. Janv./mars 1981, « Réinterprétation des structures spatiales en Margeride ».
BOURDIEU P. [1977], *La Distinction*, Paris, Minuit.
BOURDIEU P. [1980], *Le Sens pratique*, Paris, Minuit.
BOYER P. [1986], *L'Homme*, n° 97-98, Anthropologie état des lieux, « tradition et vérité ».
CHEICK OUMAR DIARRAH [1986], *Le Mali de Modibo Keita*, Paris, L'Harmattan.
CHASTANET M. [1983], « Les crises de subsistance dans les villages Soninké du cercle de Bakel de 1858 à 1945 », *Cahiers d'études africaines*, n° 89-90-XXIII 1-2.
CHASTANET M. [1984], « Cultures et outils en pays soninké », complément à « La calebasse et la houe », LERICOLLAIS A. et SCHMITZ J., *Cahiers ORSTOM*, sér. sc. hum. vol. XX n° 3-4.
CHEVRIER J. [1986], *L'Arbre à palabres*, Paris, Hatier.
CONDE C.F.J. et DIAGNE P.S. [1983], « Les migrations internationales Sud-Nord », Enquête OCDE.
COPANS J. [1972], « La notion de dynamisme différentiel dans l'analyse sociologique », in *Maintenance sociale et changement économique au Sénégal*, Travaux et documents de l'ORSTOM, 15.
CORDEIRO A. et QUIMINAL C. [1987], « Les nouveaux comportements immigrés dans la crise. Diversité des réseaux et communautés en devenir », MIRE.
CORDEIRO A. [1988], *L'Immigration*, Paris, La Découverte.
DAUM Ch., DIARRA H., GONIN P., PHILIPPE C., QUIMINAL C., SYLLA S. [1988], *La Fonction immigré dans les stratégies de développement*, ATP CNRS.
DAVID Ph. [1980], *Les Navetanes*, Dakar, NEA.
DIARRA H. [1987], « Projet de réflexion théorique sur un mode d'organisation sociale : les caisses », texte ronéo.
DIOP A.M., [1987], « Le mouvement associatif africain », Texte ronéo.
DOZON J.-P. [1985], *Au cœur de l'ethnie*. Chapitre « Les Bété une création coloniale », Paris, La Découverte.
DOZON J.-P. [1986], in *Histoire de la famille*, t. II « En

Afrique la famille à la croisée des chemins », Paris, A. Colin.

GOODY J. [1979], *La Raison graphique*, Paris, Minuit.

GUILLAUMIN C. et O'CALLAGHAN [1974], « Race et race. La mode " naturelle " en sciences sociales », *L'Homme et la Société*, n° 31-32.

JACQUEMOT P. [1981], *Mali, le paysan et l'Etat*, Paris, L'Harmattan.

LENCLUD G. [1987], « La tradition n'est plus ce qu'elle était », *Terrains n° 9*.

LEYNAUD E. [1960], *Cahier d'Etudes africaines*, n° 21.

LUNEAU R. [1981], *Chants maliens*, Luneau Ascot éditeurs.

MATHIEU N.C. [1985], « L'arraisonnement des femmes », *Les Cahiers de l'Homme*, nouvelle série XXIV.

MARIE C.V. [1978], « La mode des identités », *L'Homme et la Société*, nouv. sér. n° 83.

MARIE C.V. [1988], « Entre économie et politique : le clandestin », *Pouvoirs*, n° 47.

MARX K. [1867], *Le Capital*, 2e Section, T. I, Pléiade.

MEILLASSOUX C., DOUCOUREL, SIMAGHA D. [1967], *Légende de la dispersion des Kusa* (épopée soninké), Dakar, IFAN 1978.

MEILLASSOUX C. [1975], *Femmes, greniers et capitaux*, Paris, Maspéro.

MEILLASSOUX C. [1977], *Terrains et théories*, Paris, Anthropos.

MEILLASSOUX C. [1986], *Anthropologie de l'esclavage*, Paris, P.U.F.

NIANGUIRY Kante [1986], « *Contribution à la connaissance de la migration Soninké en France* », Thèse Paris VIII.

OLIVIER DE SARDAN J.-P. [1984], *Les Sociétés Songai-Zarma*, Paris, Karthala.

OLIVIER DE SARDAN J.-P. [1985], BOIRAL P., LANTERI J.-F., *Paysans, experts et chercheurs en Afrique noire*, Paris, Karthala.

PAULME D. [1971], *Classes et associations d'âge en Afrique de l'Ouest*, Paris, Plon.

PIORE M.-J. [1979], *Birds of Passage*, Londres, New York, Melbourne, Cambridge University Press.

POLLET E., WINTER G. [1971], *La Société Soninké* (Dyahunu, Mali), Ed. de l'Université de Bruxelles.

QUIMINAL C. [1983], « De l'indigène à l'immigré : figures de la politique étatique de l'immigration », in *La Gauche, le pouvoir, le socialisme,* Paris, PUF.

QUIMINAL C., CORDEIRO A., GONIN P. [1986], « Les positivités de la mise en contact de cultures différentes », in *Vers des sociétés pluriculturelles,* Actes du colloque international de l'AFA, ORSTOM.

QUIMINAL C. [1987], « Du foyer au village : enquête sur les nouvelles initiatives immigrées », in *Terrains et Perspectives,* Paris, ORSTOM.

QUIMINAL C. [1988], *Les Nouveaux Comportements immigrés dans la crise,* MIRE.

DE RUDDER V. [1985], « L'obstacle culture : la différence et la distance », *L'Homme et la Société,* n° 77-78, 1985, Paris.

SAYAD A. [1980], « Le foyer des sans-famille », Actes de la Recherche, Paris.

SELIM M. [1986], « La production de l'étranger », Actes du colloque international de l'AFA, ORSTOM.

SYLLA S. [1987], « *Projet des ressortissants de Diataya* », texte ronéo.

SAINT-PÈRE J.H. [1925], *Les Sarakollés du Guidimaka,* Publications du comité d'études historiques et scientifiques. Gouvernement Général de l'Afrique-Occidentale Française. E. Larose Librairie-Editeur, Paris.

SAMUEL M. [1978], *Le Prolétariat africain noir en France,* Paris, Maspéro.

TERRAY E. [1969], « *L'organisation sociale des Dida de Côte-d'Ivoire* », Annales de l'université d'Abidjan, sér. FF1 fasc. 2.

TRAORE I. [1986], *Projet de développement agricole de Kabaté au Mali,* Ed. GRDR.

UGTSF [1970], *Le Livre des travailleurs africains en France,* Paris, Maspéro.

UTAF [1986], « Vie associative africaine », *Cahiers de l'immigration africaine,* n° 1, Paris.

TABLE

Achevé d'imprimer sur les Presses Bretoliennes
27160 Breteuil-sur-Iton

N° d'édition : 982 — Dépôt légal : janvier 1991
N° d'impression : 1104